新潮文庫

夫婦脳

—夫心と妻心は、なぜこうも相容れないのか—

黒川伊保子著

はじめに

男女の脳は、違う。

けれど、夫婦の脳は、もっと違う。一般の男女をはるかに超えて、すれ違っているのである。

夫婦ほど、脳科学的に興味深い関係も珍しい。なにせ、生殖相性（遺伝子配合の相性）は、人としての相性に反比例する。男女は、生殖相性の良さを察知して恋に落ちるので、「激しく愛し合った二人」ほど、人間相性は最悪ということになる。

生殖相性を決定するのは、遺伝子の免疫《めんえき》抗体の型。これは、生体としての反応の傾向を決定する。たとえば、いきなり聞き慣れない爆音が起こったら、とっさに駆けだすのか、しゃがむのか。夫婦というのは、このような無意識の反応が同じにならない組合せになっている。そうすれば、どちらかが生き残れるし、子孫に残す遺伝子の組合せも増えるからだ。動物学的には理にかなった組合せだが、心理学的には、ことごとく予想を裏切る行為に出るので、癇《かん》にさわることになる。

どちらかが寒がりなら、どちらかが暑がり。どちらかが神経質なら、どちらかが無神経。どちらかが歯磨きチューブを底から几帳面《きちょうめん》に絞れば、どちらかがまん中から無神経に絞り出す……。

つまり、恋に落ちる男女は、「永遠に快適に過ごせる組合せ」ではなく、「子孫の生存可能性を上げる組合せ」に過ぎない。当然、生殖行為に至らないといけないので、一定期間は、相手のあらさがしをしない〝あばたもえくぼ〟期間が用意されている。しかし、その期間を過ぎると、「この人、何考えてるのかしら?」「なんで、そうなるかなぁ」というため息が急に増える。長く暮らせば、ことごとくイラつく相手になり果てる。そんなこと、当然の成り行きなのに、この世の多くの民族には、結婚という契約があり、人間相性の悪い二人が、次々に縛られてゆく。

これは、いったい、何の罠《わな》なのだろうか。

しかし、そもそも、夫婦という関係を、「快適に過ごせるパートナー」だなんて、思わなければいいのである。ことごとく違う反応をしてくれる、優秀なセンサーアラームだと思えば、「生きるか死ぬか」のサバイバルのパートナーとしては、なかなか頼りになる。

考えてみれば、人類の一部が、戦争や飢えと無関係のように、清潔な都市生活が出来るようになったのは、ここ百年のこと。それまでは、夫婦は、互いに快適であるより前に、共に生き残らなくてはならなかった。

現代社会の清潔で安全な仕組みが、夫婦を「快適に過ごせるパートナー」だと勘違いさせ、かえって、そうでないことを炙《あぶ》りだしたのかもしれない。

だとしたら、二十一世紀、「夫婦」という仕組みは、史上空前の危機を迎えていることになる。

この本では、男女の違いに加えて、かつて恋した男女の脳に起こる現象を精査し、「恋に落ちた男女が、共に長く生きる」コツを探ってみた。二十一世紀のすべてのカップルの福音の書になればいいなぁと祈りつつ。

二十一世紀の人生は長い。夫婦であるひとも、今は夫婦でないひとも、一度ぜひ精読いただきたい。それは、読んでからのお楽しみ、である。夫婦であってよかったと思うか、夫婦になんてならなくてよかったと思うか。それは、読んでからのお楽しみ、である。

目次

夫婦脳

——夫心と妻心は、なぜこうも相容れないのか

夫婦の法則

Vol.1 女性脳からのラブレター

今朝、私は、右手の小指の付け根を、キッチン・カウンターにぶつけてしまった。思いがけず痛かったので、ちょうど台所に入ってきた息子に「ううう。手をぶつけちゃった」と甘えた。と思ったら、その人影は、オットだったのである。私は咄嗟《とっさ》に「しまった」と思った。

「しまった」と思ったのには、理由がある。結婚して二十三年、こんなとき、オットが素直に甘やかしてくれたことはないからなのだ。案の定、こんな会話になってしまった。

オット「このキッチン・カウンター、十年前からここにあるよなぁ。どうして、今さら手をぶつけたりするわけ？」

私「どうしてって……手を振り回したから、かしら」

オット「なぜ、朝の六時から、手なんか振り回したんだ？」

私「え、なぜかって？　なぜかなぁ？　あー、痛い。っていうか、その質問に答えることに、何の意味があるの？」
オット「理由がわからなきゃ、対策が立てられない」
私「対策⁉　私は、ただ、可哀想《かわいそう》に、と言って欲しいだけなのに」
オット「可哀想に、と言われることに、何の意味があるんだ？」

うー、ストレスが溜《た》まる。女がただ甘やかして欲しいときに、要らぬ問題解決を試みるのが男というものらしい。そうとは知っていても、ため息が出る。

オットと息子を取り違えたことに心底後悔していたそのとき、当の息子がリビングに入ってきたので、私はオットに目配せをしつつ、息子に同じセリフを投げかけてみた。「いたた、手をぶつけちゃった〜」

息子は、「どうしたの？」と言いつつ、痛がる手を包み込むようにして、傷がないかどうか、指が動くかどうかをチェックしてくれた。それから、椅子《いす》を運び、座らせてくれて、「朝ご飯は、パパとおいらで何とかするから、ハハは座っていなさい」と諭してくれた。あ〜、だから、息子の母は止《や》められない（微笑）。

オットは、わたしの勝ち誇ったような顔を見て、クソおもしろくもないという顔をした。

さらに、「お前はよくも、こんな見え透いたことが出来るなぁ」と息子に絡《から》む。息子は、涼しい顔で、「傷の深さはこの際関係ないよ。助けを求めたのは、心のほうだからね」

息子が、こういうことに長《た》けているのは、もちろん、私がそう育てたからである。私と出逢《であ》ったとき、オットの男性脳は既に完成していたので、矯正が困難だったのだ。

女性脳は、男性脳に比べ、右脳（感じる領域）と左脳（考える領域、言語機能局在側）の連携が遥《はる》かにいい。そのため、感じたことが即ことばになる脳なのである。

美味《おい》しい焼き鳥をほおばりながら、女たちは言う。「このじゅわっと出てくる肉汁がたまらない。皮もかりっとしてるよね」「スパイスが絶妙なのよ」「ゆずこしょう？」「そうそう、それそれ！」「こんな美味しいもの食べられて、私たち、しあわせよねぇ」「ねぇ〜っ」

こんな姦《かしま》しいおしゃべりを五十〜六十代の男たちがしているのを、見かけたことがあるだろうか。感じたことが即、顕在意識に上がる女たちは、自分の感情変化にも、目の前の人の感情変化にも敏感に反応する。このため、互いの感情を察しあって共感しあうのが、女性脳にとっての対話すなわちコミュニケーションなのである。

だから、自分の身に起こったとりとめのない出来事を、会話にして垂れ流す。今、口にしている料理の味、さっき店の前で転びそうになった話、今朝、寝坊しそうになった話等々。受ける相手は、ただただ共感して、受け流していけばいいのである。

間違っても、勝手に問題解決はしない。「相談があるんだけど」「どうしたらい？」と尋ねられるまでは。それが、女性の会話のプロトコル（約束事）なのである。

お願いだから、愛《いと》しい男性脳たちよ。私たち女性脳を優しく慰撫《いぶ》するように、話を聞いて欲しい。「それは何の話だ？」「結論から先に言えないのか」などと、話の先を急がせないで。

さて、女の話は、とりとめがないだけじゃない。結婚二十年目を超えたころから、代名詞が増えてくる。妻「あれだけどさぁ」夫「あれって、なんだ？」というように。

さらに、三十年目を迎える頃には、主語も消える。

妻「めまいがするから、病院でＭＲＩを撮ってもらったの」

夫「え、それでどうなんだ？」

妻「それがさぁ、めまいがするってだけじゃ、なかなか精密検査してくれないのよ。更年期障害とか言っちゃって。でも、不安じゃない？　だから、そこをなんとか頑張って、やってもらったわけ」
夫「だから、結果は？」
妻「……それがねぇ、肝臓がんだって言うじゃない？」
夫「えええ！」
妻「あなた、何、そんなに驚いてるの？　田中さんのご主人のこと、そんなに知らないくせに」
夫「え。いつから、田中さんの話になったんだよ」
妻「検査室の前で、田中さんの奥さんにばったり会ったから、そこから」
夫「そこからって……（絶句）」

これは、知人宅で、実際に交わされた会話である。ちなみに、妻のほうは、検査の結果、異常がなかった。ならば、最初にそう言ってやればいいものを……と、男性読者の皆さんは、きっと、そう思われるに違いない。

しかし、女性は、自分がどきどきしたり、不安に感じた過去時間を、夫にも一緒にたどってほしいのである。たとえ過去時間であっても、大切な人と共有すれば癒《いや》される。だから、ことの最初から、臨場感たっぷりに語って聞かせるのだ。別に、頭が悪くて、結論から云《い》えないわけじゃない。

さらに、女性脳は、他者との一体感が増すと、つい、自分が脳裏に見ているものを相手も見ていると勘違いしがちなのである。だから、長く一緒に暮らすと、指示代名詞が増え、主語が消えることになる。

女同士は、それを暗黙のうちに分かっているから、母親や女友達の「あれ」「それ」にもイラつかないし、突然、主語が変わっても翻弄《ほんろう》されない。「それって、あなたの話？」などと、冷静に突っ込みを入れるまでだ。男たちは、女性脳のこの癖を知らないから、会話に翻弄されてしまう。

でもね、本当に女の話は厄介だ、なんて、ため息をつかないで。これこそが、妻が夫を愛している証拠なのである。

結論から云えないとか、目的のわからない話が多いのは、過去時間を共有したいほど大切に思われている証拠。「あれ」「それ」が多く、主語が省略されるのも、一体感が強い証拠。そう考えると、妻の「わけのわからないおしゃべり」も、愛しいものではありませんか。私たち女性脳だって、親近感さえなければ、もっと理路整然と話せるのだもの。

女性脳と男性脳の間には、こうして、愛があるからこそ深まる溝がある。

この本では、愛するからこそむかつく、という、厄介な縁で結ばれた大人の男女のために（つまりは、すべての夫婦や恋人同士のために）、その〝愛しくも哀《かな》しい溝〟について書こうと思う。女性脳から、男性脳へのラブレターとして。

まるでオセロゲームの終盤に、黒いコマが一斉に白に転じるように、二人の関係が違って見えてくるはずである。

Vol.2　夫婦は旅先で喧嘩《けんか》する、という法則

先日、仕事で新幹線に乗ったら、私以外の全員がツアー客だった。旅に出る人々は饒舌《じょうぜつ》だ。この事態だと、たいていはうるさくて、仕事も出来ないし、眠れもしない。東京から名古屋までの間に本一冊の校正を終える予定だった私は、心底落ち込んでしまった。

ところが新横浜を過ぎても、車内はし〜んと静まり返ったままである。不思議に思って顔をあげたら、なんと、すべての座席が六十〜七十代の夫婦で埋まっていたのだ。たまに夫が話しかけても、妻がさも興味なさそうに短く切り返すので、話も弾まない。おかげさまで、私の仕事はめちゃくちゃ捗《はかど》った。

それにしても、なんて旅上手なご夫婦たちなのだろうと、私は感心してしまった。この年になったら、旅先でおしゃべりすればするほど、夫婦はすれ違う。必要最小限の会話で、ひっそり寄り添っているのは、最善の策である。

同乗した品のいいご夫婦約三十組は、くっきりと姿を見せた富士山を「富士はいい

ねぇ」「ほんとねぇ」とおだやかに楽しみ、私が新幹線を降りる頃には、互いに助け合いながら会席弁当の蓋《ふた》を開けていた。車内には、それなりに満ち足りた空気が漂っていた。

さて、普通は、こんなに練れた夫婦はそういない。熟年夫婦は、旅先で喧嘩するものである。たとえば、こんな会話。

妻「さっきの赤いやつ、やっぱりお土産に買おうかしら」
夫「あれって、なんだ?」
妻「入り口んとこの、赤いあれに決まってるじゃない」
夫「お前の話は要領を得ないな。さっぱりわからん」
妻(あ〜、いらいらする)

男性の方は、この会話の何が悪いのか、さっぱりわからないと思う。ちなみに、女同士なら、こんな会話になる。

「さっきの赤いやつ……」
「あぁ、あれ、可愛《かわい》かったわね」

「でしょ？　もう一度見てみない？」

「いいわよ！」

女友達との会話は弾んで流れて引っかかるところがない。だから、子どもが旅に付き合ってくれなくなると、妻は女同士の旅に出たがるのである。


熟年夫婦の旅会話がうまくいかないのには、二つのポイントがある。一つは、熟年夫婦は、同じものを見ていないこと。

そもそも男と女は、ものの見方が違うのである。女性は、ものの表面をなめるように見る癖があり、男性は、空間全体をまばらに眺める癖がある。

女性脳の、何かの表面をなめるように見る癖は、もの言わぬ赤ん坊を育てるために神様から与えられた才能だ。赤ん坊の顔色が少しでも変われば見逃さないし、食べ物の鮮度の変化も見逃さない。ついでに、亭主の嘘《うそ》も見逃さない（微笑）。

男性脳の空間全体をまばらに眺める癖は、空間認識と危険察知のために神様から与えられた才能である。その昔、地図も標識もない時代に、男たちが荒野に狩りに出て、我が洞窟《どうくつ》まで戻って来られたのも、この能力のおかげ。現代の男たちが複雑な図面を読み、メカを組み立てたり、マイカーの車庫入れを楽々こなすのも、高い空間認識力のなせるわざである。一方で、手元を見るのが手薄になる。目の前にあるものを「ない」と言い張るし、冷蔵庫を開ければ「頼んだものは探し出してこないくせに、賞味期限切れの食品だけは要領よく見つけてきて妻をムカつかせる生き物」なのである。

こうして、この世の二つの才能を分け合っているおかげで、夫婦の目線は交わらない。旅に出ても、妻は手前をなめるように見て、夫はその辺をまばらに眺める。老眼のおかげで互いの射程範囲が狭まる熟年世代になれば、いっそう同じものを見ていないのだ。だから、「さっきのあれ」が通じないのである。

ポイントはもう一つある。女は、それが何であれ着目点に共感してほしい生き物。「さっきの赤いあれ」がお菓子の缶なのか貯金箱なのかの前に、「私が気になる」ということを尊重してほしいのである。だから、「それは何なんだ」と念押しされるとがっかりするのである。

熟年女性に限らず、若いお嬢さんたちが「カワイイ」を連発するのも「私、これに着目したよ」の合図。「ああ、ほんとだ」と言ってやればいいのである。くれぐれも「これのどこが?」と質問を返さないように。

熟年妻が「さっきのあれ」と言ったときも同じこと。「さっきのあれ、なぁ……見たような気がする。きみが気になるのなら戻ろうか？」と優しく声をかけて欲しい。

熟年夫婦の旅である。先を急ぐより、妻の機嫌のほうが大事でしょ？

Vol.3 恋は、人生の試練である

脳科学で読み解くと、恋は、そうロマンティックな出来事ではない。かなり厳しい、人生の試練なのである。

動物は、小さな昆虫から人間に至るまで、すべからくフェロモンと呼ばれる生殖ホルモン由来の体臭を発散している。このフェロモン、嗅覚《きゅうかく》細胞が感知する〝匂《にお》い物質〟だが、食べ物や花の匂いとは別の受容体が受け取っていて、顕在意識を通らない。すなわち、知らず知らずのうちに嗅《か》ぎ取っている匂いなのだ。

フェロモンには役割がある。異性には、遺伝子情報（免疫《めんえき》抗体の型）を匂いで知らせているのだ。動物たちは、なんと、生殖行為に至る前に、互いの遺伝子の生殖相性を、確認しているのである。

生殖の相性は、免疫抗体の型が遠くはなれて一致しないほどいい。理由は、異なる免疫の組合せを増やすほど多様性が増え、子孫の生存可能性が上がるからだ。

すなわち、動物は、互いの体臭から遺伝子の免疫抗体の型を嗅ぎ取り、免疫抗体の型が一致せず、この相手とはいい生殖ができると判《わか》れば好意を抱く。これが恋の核なのである。

さて、ここで、よく考えてみて欲しい。免疫抗体の型は、生体としての外界への反応を牛耳《ぎゅうじ》っている。免疫抗体の型が近ければ、生体としての反応が似ている。逆に、免疫抗体の型が遠く離れて一致しないということは、生体の反応がま逆になる、ということになる。

すなわち、「バン！」と大きな音がしたら、どちらかがしゃがみ込み、どちらかが逃げ出すのが、夫婦という組合せなのである。こうして行動が違えば、どちらかが生き残って、子どもを無事育てることも出来る。

また、どちらかが寒がりなら、どちらかが暑がり、どちらかが神経質なら、どちらかが無神経、どちらかがあっさりしていれば、どちらかがしつこい……と、さまざまな反応がま逆になり、相手の無意識の行動が、ことごとく理解に苦しむ行動となる。

つまり、恋に落ちる相手とは、そもそも生体としての相性は最悪、その行動は、かなり理解に苦しむ相手ということになる。

なんだ、そうなのか……！

恋における、脳の反応を知ったとき、私は、そう声を上げてしまった。なぜなら、私のオットは、私の知っている男性の中で最も不可解な人間なのである。どう考えても、なぜそう行動するのか、まったくわからないことが、結婚二十四年目の今でも、ときどき起こる。だけど、かつては「もしも、この人が死んだら、一緒にお棺に入って焼かれたい」とまで思い込んだ相手であることだけは間違いがないのだ。今となっては、なぜそんなことを思ったのか、よくわからないのだけど。

正直言って、長らく、この結婚が正しかったのかどうかの判断に苦しんでいたのだが、私たちの相性の悪さは生殖相性の良さ、そう考えたら、この結婚も正しかったのだと妙に納得した。

以来、オットが理解に苦しむ言動に出れば出るほど、二十五年前に恋に落ちた自分たちを改めて愛《いと》しく感じ、オットに優しくしてあげようと思う今日このごろである。実行するまでに至らないのが、残念なのだが……。

さて、恋の秘密をもう一つ。

爬虫類《はちゅうるい》以上に進化した動物は、自分以外の個体が必要以上に近づくと、恐怖心に駆られ、イラッとすると同時に、相手が自分に危害を与える可能性がないかどうか、強く警戒する本能がある。動物が身を守るための基本的な脳の作用である。

遺伝子をばらまくオスの側は、メスに対して、この警戒バリアをそんなに強く張る必要がない。むしろ、縄張りを争う他のオスに対して発揮している。

しかし、生殖リスクの高いメスのほうは、生殖相性の悪い妊娠を防ぐために、オスに対して、この警戒バリアが著しく強く働くのである。

しかし、そのままでは生殖行為に至れないので、フェロモン・マッチングに成功して発情したその瞬間から、一回の生殖に必要な一定期間だけ、メスは、その相手にだけ警戒バリアを解くのである。

ヒトのメスの生殖サイクルは妊娠、授乳期間があるので約三年。したがって、女性は、恋に落ちて三年間だけ、相手の男性に「あばたもえくぼ」状態になり、三年以内に生殖に至らないと、急に相手のあら捜しを始めるようになる。

恋の終わりに、女たちは「彼は変わった」というのだけど、変わったのは、たいてい女の脳のほうなのだ。

「男と女、どちらの恋の方が真剣か？」という質問を受けたことがあるけれど、それはどちらともいえない。女は、警戒バリアを解除する異性数が少ないので、一定期間は一人の相手しか見えない。しかし、そのスイッチが一気に切れることがあり、そのときまでに友情を培《つちか》い損ねていると目も当てられない。男は、恋の相手を一人に絞る機能が、脳の感性の領域にはないので、基本は「来るものは、拒まず」の受動的な立場だが、警戒解除期間が切れて、いきなり相手を強く嫌うということもない。人間的に非道なことをしない限り、熾火《おきび》のように、いつまでも情を残してくれることもある。

というわけで、恋を成就《じょうじゅ》させたかったら、女性の警戒解除期間中、すなわち三年以内に、愛情とは別に、友情や敬愛の情を育《はぐく》み、できれば、結婚してしまうことである。結婚してしまえば、あら捜しを始めても、簡単に別れるわけには行かないからね。

ちなみに、母親は息子に対して、一生、この警戒バリアが張られないのだそうだ。だから、母親は、五十になった息子にさえ幼子のように世話を焼き、「あんたは、子どもの時とちっとも変わらん」と言ってのけるのである。

したがって、妻の愛に、母の愛が勝るのは当たり前。妻としては、かなりエコヒイキをしてもらわないとやっていかれない。

Vol.4 〝男の隠れ家〟はなぜ必要か

男性誌は、よく「男の隠れ家」を特集する。イギリス紳士は、女子禁制のパブに寄る。だからと言って、妻が目くじらを立てるようなことをするわけじゃない。ただ、男同士、まったりするだけである。

向田邦子《むこうだくにこ》の小説に、若いおめかけさんを囲った中年男の話が出てくる。若いといっても、美人でもなく、気の利《き》いた会話が出来るわけでもない、もっさりした田舎臭さの残る女の子である。そんな彼女を、主人公は「口の重さ」が気に入って囲ったのだった。その彼女が、都会の水に染まって、小奇麗な女になっていく。それと同時に、器用な口も利くようになる。

女からみれば、旦那《だんな》のために努力していい女に変わっていったのだが、男は、妙に疲れを感じ、別宅への足が遠のくようになる……という短編である。男と女のすれ違いを見事に描いて、なんともリアリティがある珠玉の一編だった。

隠れ家に寄って、よくできた妻たちから身を隠したがる男たち。口の重い不器用な女を心地よいと感じる男たち。そこには、「まったりした時間」を必要としている男性脳の差し迫った本音が見えてくる。

右脳（感じる領域）と左脳（言語機能局在側）の連携がよく、感じたことが即ことばになる女性脳。だから、女たちは、感じたことを感じるままにどんどんことばにしていくのである。逆に言えば、脳に溢《あふ》れることばを口から出さないとストレスが溜《た》まる。

アメリカのある心理学者によれば、女性が一日のうちに口にしなければならない単語数は二万語とも言われる。

このため、女性は、一日の出来事を垂れ流すようにしゃべりつつ、男たちに「よく噛《か》んで食べて」「早くお風呂《ふろ》に入って」と事細かに指図する。ときには、指図に愚痴が追いかける。放っておけば自然に納まることも、なぜか何度も蒸し返す。これらの目的は、ひたすら二万語を消化するためであって、最初から効率的な情報交換をするつもりは毛頭ないのである。したがって、男性から見たら、かなり無駄なおしゃべりを遂行しているように見えるのが女性脳なのだ。

そんな女性脳と暮らす男性脳のほうは、哀《かな》しいかな、「垂れ流されることば」にストレスを感じる脳の持ち主だ。一日せめて三十分の優しい沈黙が必要なのである。脳の仕組みから言えば、ぼんやりした時間を許されない男性脳は、早死にしたっておかしくはない。

理由は、男性脳の仕組みにある。男性脳は、右脳と左脳の連携が頻繁ではなく、それぞれの半球を局地的に使う癖がある。このため、「感じたことをことばにする」際に、まずは右脳のイメージ処理の領域で、事象を整理してからことばに変えるのである。だから、男たちは結論からものが言えるし、事象を簡潔にとりまとめて表現することが得意なのだ。

ただし、この仕組みのせいで、男性脳には「事象を、イメージのまま、無意識にぼんやりと整理する」時間が欠かせない。

男には、テレビを観《み》ているともなく、観ていないともない時間というのがある。チャンネルを回そうとすると怒るのに、だからといって、今観ている番組に関する話をしても「ん？」と寝起きのような顔をする。世界中の妻たちが、イラッとする瞬間である。でもね、この〝ぼんやり〟の間に、男性脳は、今日の出来事をなんとなく整理しているのだ。

そのほかにも、休日の午前中、パジャマを着たまま、リビングでゴロゴロしているあの時間……女からすれば、「疲れてるのなら、寝てりゃあいいじゃん。起きているのなら、山ほどある家事、少しは手伝ってよ」と言いたいところだが、男たちは、無駄にぼんやりしているわけじゃない。彼らの脳は、今週の出来事を、無意識のうちにイメージ領域に持ち込んで整理しているのである。

これができないと、今日の出来事が整理できないまま明日が来る。沈黙が許されない男たちは、神経のストレスが取れず、出世もままならないのである。

しかし、女性脳には、このタイムラグが必要ないので、なかなか男性たちのまったり時間を容認できない。だから、男たちは碁会所に逃げ込んだり、釣りに出かけたり、隠れ家を作ったりして、ことば少なな「まったり時間」を確保するのである。

この「まったり時間」、実は、八歳までの男女児にも生じている。八歳は、空間認識力を司《つかさど》る小脳の発達臨界期にあたり、この年齢までにおおよその基礎力が出来上がる。そして、脳の空間認識力を構築するためには、日常にぼんやりする必要があるのである。

女の子でも、理系や芸術のセンスがある子は、幼いころにかなりぼんやりしているようだが、男の子のそれは全般に著しく、現実対応能力の高い母親から見たら、息子なんて、日常生活のあらゆる隙間《すきま》でぼんやりしているように見える生き物なのである。

もっと正確に言うと、「ぼんやりしていたかと思うと、いきなり動き、ときに制御が利かない」生き物。女系家族で育った母親の中には、男児の子育てに自信を失う方がいるようだけど、その必要はないのである。私たち女性脳とは違う〝装置〟を育てているのだから、思った通りに動かないことなんか気にする必要はない。

ちなみに、相対性理論で有名なアインシュタイン博士は、五歳までしゃべらず、高校生になっても、授業中にぼんやりして、先生の言うことを聞き逃していた、と言われている。彼の場合は、物理が得意なガールフレンドが傍にいて、何かと面倒を見ていたそうだ。それが、アインシュタインの最初の妻であり、物理学者でもあった、ミレバ・アインシュタインである。

さて、アインシュタインほどじゃなくても、多くの男児はぼんやりしている。だから、女たちは、ついうっかり息子に「早く、○○しなさい」を言い続けてしまうのである。急《せ》かされ続けた男の子は、空間認識力、すなわち将来の理系の力を削《そ》がれてしまう。情報を整理できないので、大物にもなりにくい。

男たるもの息子のために、この事実を妻にきちんと告げるべきじゃないだろうか。隠れ家なんか探している場合じゃなく。

Vol.5 夫婦の法則

夫婦には、ある法則がある。結婚七年目、十四年目、二十一年目、そして二十八年目に夫婦の危機がやってくる。すべて七の倍数なのに、お気づきになっただろうか。そう、ヒトの脳には、七年という生体サイクルがあるのである。夫婦関係といえども、どうも、この生体サイクルにはなかなか逆らえないようなのだ。

人間の骨髄液は七年で入れ替わる。毎日少しずつ入れ替わるのだが、まるまる入れ替わるのに七年かかる。すなわち、満七年以上前の細胞は残っていないのである。

骨髄は、ヒトの免疫《めんえき》の中枢《ちゅうすう》を担《にな》っている。このため、満七年で骨髄液が入れ替わるのに連動して、生体の免疫システムも入れ替わってゆく。たとえば、アトピーを発症してから七年目に症状が劇的に改善する年がやってくるという。

生体は、外界からの刺激を受けると、免疫システムが反応する。この過剰反応がアトピーやアレルギーである。しかし、同じ刺激が繰り返されていくうちに、これは「反応すべき外界の刺激」ではなく、「環境の一部であって、受け入れていかなくてはならない事象」であると、免疫システムが受け入れて行く。こうして身体が完全に〝納得〟するのに、七年かかるというわけだ。

結婚生活が始まると、夫婦はお互いの体臭の中で暮らすことになる。初めは、互いの匂《にお》いが「反応すべき外界の刺激」なので、どきどきする。どきどきするから発情もするし喧嘩《けんか》もする。「イラッとする」と「ムラッとする」は脳科学上、意外に近い感情なのだ。

この状態が、人間性をひどく傷つけあわない限り、七年間は続くことになる。前にもお話ししたように、女性の「あばたもえくぼ」スイッチは、交際開始から丸三年で切れる。交際四年目に入ると、あら捜しが始まるのだ。とはいえ、無事結婚さえしてしまえば、結婚から丸六年は、愚痴も言い、喧嘩しながらもどきどきする、半分恋人のような夫婦でいられるのである。

ところが、結婚七年目、夫婦の免疫システムは、互いの匂いを、環境の一部だと〝納得〟する。平たく言えば、どきどきしなくなるのである。しかし、ここからは、徐々に自分の一部になっていくので、「しみじみ」が始まった年と言い換えてもいい。

とはいえ、結婚七年目は、「どきどき」が消えて、「しみじみ」が始まったばかり。

ある意味、夫婦は、かなり危ない状態なのである。

結婚七年目。こういう事態なので、夫も妻も、外の異性にちょっと心を揺らしたりすることもあるだろう。浮気するかどうかは教養の問題なので、すべての人が「七年目の浮気」を経験するわけではないのだろうけれど。

子育ての真っ最中で、外の異性に心動かされる暇のない主婦でも、「この人で良かったのかしら」と夫に懐疑的な感情を抱きがちだ。「子育てに協力してくれない」「妻が子どもばかり大事にする」という嘆きも、七年目の夫婦が抱えやすい。アンケートによれば、離婚の決心も七年目にされることが多いのだそうだ。

なので、結婚七年目で、婚外の恋心にフワフワしている方、どうか気をつけてください。この時期、妻の方も懐疑的なのである。懐疑的だからこそ、不安になってスキンシップを欲しがる妻もいるので、「うちの妻は、いつまでも情熱的だから大丈夫」なんて、高をくくってもいられない。

婚外の女性にどきどきしたときは、一度、思い返してみて。自分だけがどきどきしなくなったわけじゃない。家庭は思ったより、磐石《ばんじゃく》じゃない。この時期を、どう踏ん張れるかに夫婦の運命がかかっていると言っても過言ではないのである。

人間は、本能だけじゃなく、理性でも信頼を築いて行くことができる。だからといって、本能を軽く見ると、思わぬところで足をすくわれる。本能のありようを知っておくと、無意識の隙をカバーできるもの。リスク回避ができるはずだ。

「恋は永遠じゃない」と知っていれば、「どきどきしないどころか、最近うんざり。運命の人じゃなかったのかも」なんて揺れなくてすむ。「恋を超え、うんざりを超えてナンボのもん」と思えれば、婚外の恋人も色褪《いろあ》せて、古女房も愛しくなる（といいなぁ）。

十四年目と二十一年目は、七年目の法則に準ずる。「離婚の決心」多発年なので、もしもこの年目に離婚を考えたなら、一年やりすごしてみてほしい。そして、二十八年目は、最も大きな「うんざり」がやってくる。二十八年目の話は、乞うご期待、ということで。

Vol.6 ピンチをチャンスに変える法

雑誌の取材で、「家族との喧嘩の後の気まずい雰囲気、何とかできないものでしょうか」という質問を受けた。

家族と言い争った後、理論上は決着を見ても、いつまでも気まずい雰囲気が残ることがある。そんな雰囲気を吹き飛ばす一言があれば、教えてください。

取材の席上、私は、かなり考えてみたけれど、まったく浮かんでこない。そもそも、ことば一つで、こういう事態を打開しようなんて、おこがましくないか？　と、質問の品位まで疑わしくなってきた。そこで、このテーマを、家に持ち帰ることにした。

実は、我が家の息子は、家族のネガティブな出来事に、しこりを残さない天才なのだ。なので、この質問を息子に投げかけてみたのである。そうしたら、一刀両断、「そもそも気まずい雰囲気を残すことに問題がある」と言う。

いわく、なじられたら、理由がどうであれ、真摯《しんし》に言い分を聞くべきだよ。そして、まずは、不快な気持ちにさせたことを謝る。それをせずに、言い訳したりするから、気まずい雰囲気が残るんじゃない？

たしかに、息子は、私に「どうして、こうなのよ」となじられれば、必ず、「あ～、忙しいハハにこんな小言、言わせてごめん。駄目な息子だったね」などと、こちらを気遣うことばを返すのである。そして、その後に、この事態に至ってしまった理由を穏やかに話してくれる。先に言い訳があったら逆上するところなのに、この順番だと「そうよねぇ、そりゃ仕方ないわね」という気持ちになるから不思議。

「あなたは、コミュニケーションの天才よね」と褒めたら、「言っとくけど、テクニックじゃないよ。なじる人は傷ついているからね。まず、ハハの心が、本当に心配なんだよ」と言ってのけた。私は、はっと胸を突かれた。

なじる人は、傷ついている。

こう思えるかどうかで、人生は大きく違ってくる。喧嘩のシーンが百八十度違って見えてくるのである。

なじる人は傷ついている。たとえその理由が勘違いであっても、理不尽な押し付けであっても、そのことを正す前に、まずはその傷を癒《いや》さなければ……。言い訳も説得も、その後なのである。

妻になじられたときは、「俺だって」という前に、「きみにばかり家の負担が行ってたんだね、ごめんな」「きみが疲れていることに気づかなかった、悪かったね」などと、相手を気遣うことばを先に言ってみてほしい。その後に「実は最近、プロジェクトが佳境でさぁ。気が抜けないんだよ」と言えば心に届くものを、「俺だって忙しいんだ」という防御から入るから、妻の心はしこるのだ。

「仕事と家族、どっちが大事なの」と迫られたら、「子どもたちに寂しい思いをさせていたんだね。申し訳ない」とあやまる。待ち合わせに遅刻したら、「こんなところに、きみを三十分も立たせていたのか。心細い思いをさせてごめん」とあやまる。多忙の理由も、遅刻の理由も、相手を気遣うことばの後に言うべきだ。それがどんなに正当なものであっても。

子どもに対しても一緒である。「父さんは、きみとの約束に誠実じゃなかったね。申し訳ない」「きみの気持ちをわかってあげられなかった。ごめんよ」と、相手を気遣うことばを惜しまないで。

親に対しても、もちろん同じだ。成人した息子に対する母親の小言なんて、取り越し苦労が関の山なのだけれど、うるさそうにやり過ごさないで、「あぁ、母さん、心配かけてすまなかったね」と声をかけてあげてほしい。

男も女も関係なく、それがオトナの責任なのだと思う。なじる人は、あなたを頼りにしている。そして、裏切られて（裏切られたと思い込んで）傷ついているのだ。考えてみれば、なじられているうちが人生、華なのかもしれない。

それに、なじられた瞬間は、愛情を表現するチャンスでもある。「ああ、大事なきみになんてことを……」という態度とことばを示すことが出来れば、機嫌のいいときに「愛してるよ」というより何倍も効果がある。どうか、その好機を逃さないで。

私と息子は、彼が中学二年のとき、一回だけしこりの残る喧嘩をしている。思春期のイライラが爆発したような、痛烈な母親批判を口にした。最後に彼は非を認めてあやまったのだが、私の子育てをののしったことばが、私ではなくて彼の方にしこりになってしまったようだった。鉛のように重い雰囲気が消えない。

でもね、その晩、私のノートパソコンに、鉛筆で「チュッ」と書いた付箋《ふせん》紙が貼《は》ってあったのである。気まずい雰囲気は、一気に氷解した。私たちの心の絆《きずな》は、その時から、いっそう強くなったような気がする。

これは、オトナの男にも、使える手じゃないかしら。「チュッ」が恥ずかしかったら、妻の好きなチョコレートを一枚、冷蔵庫に貼っておくとか。喧嘩の前より、きっと心の絆は強くなる。「雨降って地固まる」。昔の人はいいことを言っている。だけど、地を固めるには、多少の工夫も必要なのである。

Vol.7 見えないタスク

男性から見たら、女性は、察しの天才である。

右脳と左脳をつなぐ脳梁《のうりょう》と呼ばれる神経線の束が、女性の方が男性より約二十％も太い。このため、女性脳は、右脳（五感と直結してイメージを紡《つむ》ぐ、感じる領域）と、左脳（顕在意識と直結してことばや数字を司《つかさど》る、考える領域）の連携が良く、感じたことが即、顕在意識に上がってくるのである。

〝おしゃべりに興じていた女友達が、一瞬、悲しげに目を伏せた〟。それだけで、女たちは、「私、何か、悪いこと言ったかしら」と自分の一連の発言を省みたり、「ご主人と、何かあったのかなぁ」と憶測したりする。しかも、進行中の会話は止めずに、である（！）。

若い女性たちは、自分たちが生まれつき持っているこの能力を、男たちも持っていると信じている。なので、恋人や上司の無神経な発言に対して、悲しげに目を伏せて、止めて欲しいことをアピールするのだ。しかし、祈りのようなその行為は、たいていは無視されて、がっかりすることになる。

あるいは、寂しい気持ちを、そうとは告げずに、さりげない季節のメールに託して送ったりする。経験の少ない若い男子は、「女は、思わせぶりで面倒くさい」と言ったりするけど、別に思わせぶりにしたつもりはないのだ。「目を伏せる」も「さりげない季節のメール」も、女同士なら、直接言うのと同じくらいに確実に伝わる情報伝達手段なのである。


男性脳には、鈍感力がある。目の前の人の表情変化になんか心を惑わされずに、強い集中力を、長く継続する力だ。

その昔、狩りに出る男たちは、洞窟《どうくつ》を出るときの妻の表情なんかが心に引っかかってしまったら、マンモスに踏み潰《つぶ》されちゃうかもしれないし、谷におっこっちゃうかもしれなかった。男たちは、何千年も前から、そのいのちがけの責務を果たすために、鈍感力を身につけてきたのである。現代でも、男たちの鈍感力があるからこそ、ビルが建ち、橋がかかり、電力は安定して供給されている。男性脳の鈍感力に、私たち女性は感謝こそしても、腹を立てる筋合いはないのである。

でも、悲しい。髪の色はまだしも、髪形を変えても気づかない夫は悲しい。嫌な顔をしても、気づかない夫は悲しい。家事を手伝って欲しいという暗黙の思念波を送っても察してくれない夫は悲しい。

男たちは、口を揃《そろ》えて言う。「言ってくれれば、やったのに」

でも、違うのである。女性たちは、「察してなんぼ」なのだ。共働きの妻が、仕事から帰って、休む暇もなく台所に立っている。食卓の上には、夫の広げた新聞紙が無雑作に置いてある。そんなとき、「ごはんよ」と言えば、食卓を片付け、お料理の皿を運び、お茶の一つも入れてくれたら、どんなに嬉《うれ》しいかしら、と想像する。なのに、多くの夫たちは、察してはくれない。

「食卓を片付けて」と言ったら、新聞紙をたたむだけ。「片付けたよ」と言うので、料理の皿を運んだら、テレビや空調のリモコンが微妙な位置に斜めに転がっていて、うまく置けないなんてこともある。小皿が必要な料理なのに、小皿も出ていない。それどころか、箸《はし》も醤油《しょうゆ》も並べてくれない。「リモコンを片付けて」「小皿を出して」「箸を並べて」と言えば、確かにやってくれる。けれど、妻は、悲しくてたまらなくなる。

なぜなら、女がもし同じことをやるとしたら、よっぽど相手を見くびっている場合に限られるからだ。女は、相手の存在を軽視していることを伝えるために、あえて察してやらないという手を使う。このため、夫たちが、その男性脳構造から自然にしてしまう「察しない生活」が、知らず知らずのうちに妻を傷つけているのである。

察しの天才である女性脳は、段取りの天才でもある。トイレに行くついでに、食卓のコップを流しに運び、歯磨きするついでに、鏡を拭《ふ》く。買い物のときは、リストになくても、瞬時に日常生活を想起して、足りないものをさっさと買い足したりする。そんな女性から見たら、使ったものを出しっぱなしにしたり、頼んだものさえ買い損ねてくる夫は歯がゆくて仕方ない。

とはいえ、脳梁の細い男たちに、同様の察する力を身につけろといっても、かなり難しい。仕事のような限られた認知領域でスキルとして身につけるのならまだしも、生活という多様なシーンの中で、女性脳並みに察する能力を身につけるというのは不可能に近い。なので、本当は、女性に男女脳の違いを理解してもらうのが一番なのである。

男性の皆様、今回のこのページを、どうか、奥様や恋人に見せてあげてくださいね。そして、女性の皆様、夫が鈍感だということで、どうか、勝手に傷つかないで。世界中の夫が、ほぼ全員、鈍感力の持ち主なのだから。

男性にも言っておきたいことがある。察しの悪い男性脳は、家事も、実際の1/3ほどしか把握してないのである。つまり、男が「家事を半分やってる」と思い込んでいても、1/6に過ぎなかったりする。自分の把握していない妻の働きが山ほどあることは、理解してもらいたい。具体的に察しなくても、大きなくくりで「いつも、ありがとう」ということはできるはず。妻の存在に感謝しよう。

Vol.8 妻を新妻に変える法

女性脳には、「長い文脈」を一気に把握する才能がある。今の会話や思考に使う、脳の一次処理の領域に、何十年分もの関連記憶を一気に展開する力だ。これは、子育てのために、神様にもらった才能なのである。

たとえば、夜中に、子どもが熱を出したとしよう。女たちは、これまでの発熱シーンを思い返して、現在の経過を観察する。今までと経過が違えば、「熱が高いのに、顔が赤くない。かえって、青いような気がする。これは、いつもと違う……！」などと感じて、緊張したりする。そうして、ときには、上の子の似たようなシーン、自分自身が幼かった時の記憶、数年前に公園で立ち話したママ友達の情報……それらを総動員して、今目の前で起こった事象にどう対処すべきかを、ダイナミックに判断しているのである。

だから、女性は、年を取って、経験の数が増えるほど、とっさの判断にゆるがなくなる。見た目よりも、押しの強さで、女の年齢は知れるのだ。

体系化された知識に、体験から絞り出してくる知恵を足して、私たち女性は、その都度、人生最良の判断を瞬時に下す。我がオットは、「女は、その度に言うことが違う」と文句を言うけど、もちろん、それでいいのである、経験が違えば、判断も違うのだから。

もちろん、世の中には、秩序のために、過去の判断を律儀《りちぎ》に守り抜くことが必要な場面はあると思うし、ビジネスでは、私もそれをやっている。でも、家族の命にかかわることに、公平性や普遍性なんてことは言っていられない。医者が見逃したことを、母親や妻の直感が見抜くことだってあるのだから。

さて、子育てや介護に不可欠なこの「過去の類似記憶を総動員する」才能には、実は、副作用がある。

夫が何か無神経な発言をしたら、過去の無神経な発言を、一気に脳裏に展開することになるのだ。無意識のうちに、咄嗟《とっさ》に起こることなので、残念ながら、私たちにも止められない。考えてみれば、脳は、ただ単純に、「今、目の前で起こった事象の関連記憶を一気に展開する」という作業を真摯《しんし》にやっているにすぎないのである。それが目をつぶった方がいいネガティブな記憶なのか、命をすくうような有用な記憶なのかは、その段階では区別ができない。

というわけで、結婚二十年目の主婦なら、二十年分の不満を一気に語ることができる。「あなた、アキラを妊娠したとき、つわりのひどかった私に、なんて言ったか覚えてる?」（そのアキラは既に大学生）なんてことはざらにある。

大昔の不満を、まるで昨日のことのように臨場感たっぷりに語る妻……というのは、古今東西、何も珍しいことじゃない。

夫の身になってみれば、ちょっと気の毒ではある。過去の些《さ》細《さい》な失敗にすぎないことが、妻の脳の中では、勝手に繰り返し想起されて、記憶想起の閾値《いきち》（記憶の重み）はがんがん上がっていくのだものね。しかも、既に十分あやまって、ときにはお詫《わ》びのプレゼントも買ってあげたことにだって、これが起こる。男たちが「ちょっと卑怯《ひきょう》じゃないか」と思ってもしかたない気もする。でも、何度も言うけど、私たち女性も、これを止められないのだ。

また、男性はときに、「女は、昨日まで許していたことを、今日になって急に逆上することがある」と困惑するが、それも、この才能に起因している。

たとえば、リビングの床に、靴下を脱ぎっぱなしにする夫の癖。「ちゃんと片付けてよ」と言ってもそうしてくれない……となると、妻はいったんは黙って片付けるようになる。けれど、たかをくっていると、とんでもないことになる（ことがある）。

なぜなら、一回目に片付けるときは、一回分の不快だが、千回目に片付けるときは、千回分の不快だからだ。どこかで突然、我慢の限度を超えて、何もかもが嫌になって、「一緒の部屋で空気を吸うのもいや！」ということにだってなりかねないのである。

いったん許すと決めたら、千回目であろうと、一回目と同じ気持ちでことを処理する男性脳からしたら、青天の霹靂《へきれき》だろうなぁ。男性の皆様には、大いに同情する。

けれど、この才能があるからこそ、女たちは、初めての子育ても難なくこなし、初めての介護にも柔軟に対応していくのである。

作用と副作用は、抱き合わせ。男性脳が、高い空間認識力で社会を動かしている半面、家庭内では鈍感力を発揮してしまうように、女性脳は、経験から生きる知恵を創出する力があるものの、一方で恨みが溜《た》まりやすい傾向がある。お互い、利点を愛して、欠点に目をつぶろうじゃありませんか？

さて、「女性脳は、手に負えん」と絶望的になったあなた、大丈夫です。男たちは、女性脳のこの反復癖を、上手に利用してあげたらいいのだ。

コツは、女性脳に、負の記憶を紡がせないで、正の記憶を紡いでもらうこと。それには、まず、「妻が継続してやっていること」に言及することである。

たとえば、結婚二十五年目のある日、夫から、こんなセリフを言われたらどうだろう。

「きみの味噌汁《みそしる》を飲むのも、もう二十五年か。お袋の味噌汁より長くなったなぁ」

妻の女性脳は、何千回と繰り返してきた味噌汁作りのシーンを思うだろう。新妻のときは明らかに失敗した日があった。なのに、夫は何も言わずに飲んでくれたっけ。つわりのひどいときに「なんだ、味噌汁も作れないのか」と言われて、「なんて無神経なの！」と怒ったこともあったけど、彼は私の味噌汁をこんなに大切に思ってたんだ……こうして、妻の脳の中では、負の記憶も、正の記憶に変わっていく。

しかも、妻の律儀な女性脳は、今後味噌汁を作る度に、夫の感謝のセリフを思うのである。おそらく、定年退職を迎えても「私も主婦の定年退職をさせていただきます。朝ごはんくらい、勝手に食べてくださいな」とは言われずに済む（はず）。

照れくさかったら、褒めたり、「ありがとう」と言ったりしなくてもいい。ただ、「ずっとしてくれている」ことを、静かにことばにすればいいのである。

ただし、このセリフを言うときは、ちゃんと味噌汁を飲んだ年月を数えてくださいね。「あなた、お母様の味噌汁を三十年飲んでたじゃないですか。まだですよ」と言われたら、元も子もない。味噌汁の代わりにコーヒーでもいい、ワイシャツのアイロンがけでもいい、靴磨きでもいい、牛乳を切らさずにいてくれることだっていい。些細なことでいいのだ。妻が、ずっと継続して心がけてくれていることにちゃんと気づいて、ことばにすること。「ずっとずっと、してきてくれたね」と。

「継続して心がけてくれている些細なこと」に気づいてあげることは、妻だけじゃなく、職場の女性たちにも効果がある。

「きみの朝一番の挨拶《あいさつ》は、明るくていいなぁ」「きみが付箋《ふせん》紙を貼《は》ってくれると、書類の処理がいつもの半分の時間で済むんだよね」などなど。

勝ち負けがつく客観的な指標より、「自分が特別であること」を確認したい気持ち。男性は驚くかもしれないが、生物学上、競争に勝ち抜かないと子孫が残せない男性と、自分自身を大切にしないと子孫を残せない女性では、ここが大きく違うのだ。

女は褒めてほしいわけじゃない。わかってほしいのである。だから、過去時間をことばで労《ねぎら》ってもらうことは、ことのほか心に響く。

負の記憶を想起させないためには、繰り返し未来を思わせる、という手もある。

「もう少し紅葉が進んだら、日光に行かないか。この間テレビでやっていたゆば会席を食べに」「結婚記念日、今年は土曜だね。おいしいワインでも仕入れるか」というように、すこし先の計画を言ってあげるのだ。

「何を着て行こうかしら」などと近未来の楽しみを繰り返し想起している間には、女性脳には過去の負の記憶を想起する暇がない。

過去時間をことばで労うこと、未来時間を紡《つむ》ぐこと。恨みがましい古女房を、無邪気な新妻に変える魔法である。お試しあれ。

Vol.9 夫婦は一心同体

男と女は、ものの見方が違う。

男性は、空間全体にまばらに視点を走らせる。このため、目の前にあるものを見逃す癖がある。

「俺の眼鏡は?」「テレビのリモコンがないぞ」と、台所で立ち働く妻を呼びつけて、「目の前にあるでしょう!」と叱《しか》られる。「上から三段目の引き出しよ」と言われて探そうとした下着が見つからず、妻に来てもらったら、やっぱりそこにあった、なんていう経験もあるはずだ。「ほら、ここ!」と、ふくれっ面《つら》の妻に探し物を押し付けられて、さっきは本当になかったのに……と呟《つぶや》くあなたは、正統派の男性脳である。

一方、女性は、ものの表面をなめるように見る癖がある。また、女性のピンク系の色の違いを見分ける能力は、男性の十数倍とも言われている。これらの能力のおかげで、女たちは、赤ちゃんの顔色の変化を見逃さず、食材の良《よ》し悪《あ》しも上手に見分ける。ものの表面をなめるように見る女性は、目の前にあるものを見逃すことはほとんどない。夫が「ないない」と騒ぐ眼鏡やリモコンを、さっさと探し出しては「馬鹿《ばか》じゃないの」という顔をする。自分が見失うことがないので、本当にそう感じてしまうのだ。

神は、この世に、男性脳と女性脳をお創《つく》りになった。片方は、空間全体を把握して、すばやく危険を察知したり、獲物までの距離を正確に認識したり、複雑な図面を理解したりする。もう片方は、自分の周囲を密に把握し、もの言わぬ赤ちゃんの健康管理をし、食べ物の腐敗を見分け、他人の嘘《うそ》を見抜く。

男女のものの見方の違いを思うたびに、この世に、二つの違う脳があることの意味を思い知る。この組合せは、とても合理的だ。脳を遠近両用のハイブリッドにすると、判断が遅れる。どっちかに集約しているからこそ、瞬時に危険を見分けられるのだ。遠くの危険と、近くの危険を瞬時に見抜く脳の組合せが夫婦というものなのだろう。

しかも、発情し合う男女は、免疫《めんえき》抗体の型が遠く離れて一致しない。男女は、体臭の一部で免疫抗体の型を知らせ合っており、その型が一致しない方が、互いの好感度が高いからだ。

免疫抗体の型、すなわち外界に対しての生体としての反応がことごとく違う男女が、まったく違うもののの見方で一緒に暮らす。夫婦の脳は、一対で精緻《せいち》なメカのようなものであり、けっして離れてはいけない。恋とか愛とかを超えた、共に生きる意義がそこにはある。

結婚式の挨拶などで使われる〝夫婦は一心同体〟ということばの本当の意味は、ここにあるのだと思う。感性がことごとく違う二人が、チームとして完全体の組織を作り上げる。心を一つにするのは、健やかな暮らし＝よりよい生存という生物としての使命を果たす思いにおいてであり、「同じことを感じ、考える」ことではない。

したがって、「夫婦は一心同体」ということばを履き違えると、夫婦という組合せは、かなりしんどいことになる。新婚カップルにこのことばを贈るときは、どうか正確に伝えてほしい。

さて、空間全体を一気に把握したがる男性脳。実は、概念空間においても同様である。「全体を見通せて、かつ、今自分が全体の中のどの位置にいるのか」をつかめないと、男性脳は疲弊する。すなわち、男性脳は、ゴールが見えない事象に対する耐性が、女に比べて著しく低いのだ。

たとえば、ゴールの見えない女のおしゃべり。どこへ行くのかわからない話に延々付き合わされると、男たちの免疫力は落ちていく。あるいは、目的の場所になかなかたどりつかない、女の買い物。「しゃもじを買う」と言ったはずの妻が、ベッド売り場に寄り、靴売り場にも長居する。いったいいつ、この買い物は終わるのか……？

一方、目の前のことにとりあえず集中できる女性脳は、「先の見えないこと」への耐性が高い。逆に、ゴールへのコース取りをあまりうるさく言われるとかえって萎《な》えていくのだ。

職場での人材の活《い》かし方も同じ。男子は、先の見えない仕事に長くは耐えられない。細かいゴール設定と、そのゴール確認（報償や肩書）が必要なのである。一方、女子は、細かいゴール設定では力は発揮できない。「一年間、好きにやりなさい。責任は俺がとる」なんていう上司が最高なんだけど……無理？

Vol. 10　女がキレるとき

「彼女にキレられたとき、どう対処したらいい？」

あるラジオ番組から、そんなテーマの取材を受けた。「番組で五つの対処法を考えたので、効果的な順にランキングをしてほしい」というのである。

その五つとは、①平謝り、②彼女の怒りの原因を追究し分析する、③「俺にだって言い分がある」と逆切れする、④「いったん、落ち着こう」とクールダウンさせる、⑤謝り始めたらキリがないので、軽く謝った後、ひたすら黙ってやり過ごす。

う〜ん、と私は唸《うな》ってしまった。ランキングをするも何も、この五つ、すべて不正解なのだから。

なじる人は傷ついている。

男たちには、どうか、この真実を、もう一度肝に銘じてほしい。キレて、なじる女性たちは、傷ついているのだ。

確かに、キレた原因は、取るに足らないことかもしれない。メールの返事が遅いとか、話を聞いていないとか、記念日を忘れたとか……。仕事で厄介な案件でも抱えていれば、そんなことは当然起こりうる。そんなことで逆上するなんて、狭量《きょうりょう》な不満としか思えない。だから、男たちは、平謝りしてテキトーにやり過ごそうとしたり、逆切れして黙らせようとしたりするのだろう。

けれど、本当の原因は、キレた場所になんかないのである。「話を聞いてない！」となじる彼女の中には、絶望の種があるのだ。「この人は、私のことなど、もうどうでもいいと思っているのに違いない」という根源的な絶望。その絶望を直接口にするのは怖いから、女たちは、小手先のことでキレて、嚙《か》みつく。

男たちは、この「絶望の種」を育ててはいけない。そして、キレた彼女の後ろには、「絶望の種」が必ずあるのである。なので、前にも言ったけど、対処法はただひとつ。「君を傷つけているの？　申し訳ないことをしたね」と、その傷に優しく触れて、真摯《しんし》に癒《いや》すことだ。

実は、キレた原因になった出来事なんて、女にとっても、取るに足らないことなのである。信頼している相手のそれなら、きっとユーモアまじりの皮肉の一つでも言えば済ませられるようなこと。だからキレた原因について、ああこう追及されて分析されても、平謝りされても、満たされることはないのである。

ちなみに、我が家の息子は、私がキレたときに必ず、こう言ってくれる。「忙しいハハを、こんなことでイライラさせて申し訳ない」

そのことばが伝えてくれるのは、「あなたが大切」というメッセージである。あなたが大切。ことあるごとにそう伝えてくれたなら、女は今日も明日も機嫌よく生きていける。それを伝える大事なチャンスが、「記念日を覚えておくこと」と「女がキレたときの対処」なのである。

ちなみに、オトナの男たちの中には、すべてを承知していて、あえて小手先のことで済まそうとする人もいるのに違いない。この「絶望の種」に触れることが恐ろしいので。

恐ろしいのは、改めて妻に「私のことなんて、どうでもいいのでしょう?」と追及されたら、うっかり認めてしまいそうだから、なのじゃないかしら(微笑)。

その気持ちもよくわかる。「繰り返し、妻のいる場所に帰る」こと以上に、何をどう思えというのだろう。男なら、きっとそう感じているのに違いない。男たちは、プロポーズをしたとき（この縁を受け入れたとき）に一生分の覚悟を決めている。料理の上手下手だとか、美醜だとか、結婚記念日を忘れないなんてことで妻の存在価値を測ることをしないのだ。だからこそ、いちいち褒めて、存在価値を提示してやることもできやしない。

男性脳を見つめていくと、男たちの言い分にも胸を突かれる。自分は、ただ黙々と家族のために働いて生きていくのだ。なぜ、「大事だと思っている」ことを伝えなければ、満足してくれない？

女は強欲と思われるかもしれない。でも、それは、共感欲求の高い女性脳の特性なのである。共感力があるからこそ、あなたが弱ったときに、心から同情してくれる。その代り、強いあなたには、ときに振り返ってもらいたい。男たちよ、どうか、優しく振り向いて。

Vol.11　女のおしゃべりは世界を救う

女はおしゃべりである。

こう言うと、中高生から熟年世代までの全世代の男たちが、「つくづく」という顔をして、強く肯《うなず》く。妻は無口だ（というか、しゃべってくれない）という人でも、余所《よそ》で心当たりがあるようである。簡潔に情報交換したいと望む男性脳の構造を考えると、十分に同情はするけれど……でもね、男たちよ、どうか、うんざりしないで。だって、女のおしゃべりは、神様に与えられた崇高な才能なのだから。

女性たちは、自分が感じたことを、感じたままにどんどんことばにしていく。たとえば、美味《おい》しいものを口にしたとき。それを飲み込む前に、どう美味しいかをしゃべり出すというのが、女という生き物なのだ。スイーツを食べながら、「まったり」「口どけが優しい」「爽《さわ》やかな甘さなのよね」「苺《いちご》のつぶつぶがたまらないかも」などなど、口々にしゃべり出す。相手も同じものを食べているのだから、ことばにする必要はないなどとは夢にも思わない。というより、同じものを食べているからこそ口にするのだ。なぜなら、女性の対話の最終目的は、共感しあうことだから。「そうそう」「ほんとうにそうよね」と言い合って笑い、宴《うたげ》の最後には「いろいろあるけど、こんな美味しいものを食べられて、私たち、幸せね」「ほんとよねぇ」と、皆の気持ちをことばで括《くく》って一まとめにする。女性の対話は、共感することで完結するのである。

逆に言えば、共感してやらなければ、女性の対話は完結しない。毎日、うんざりするほど話を聞いてやっているつもりなのに、「あなたは、私の話を聞いていない」となじられるとしたら、共感のあいづちが足りないのだ。

共感のあいづちとは、ことばの反復である。「寒かったわー」「ほんと寒かったよね」、「私、耐えられないんです」「そうか、耐えられないのか」というように（ただし、「私、太った（老《ふ》けた）？」には素直に「うん、太った（老けた）」とは言ってはいけません）。

女たちは、対話において、早期の問題解決なんか望んでいないのである。なのに、最小コストが大好きな男性脳ときたら、話の途中で不要な問題解決を試みる。「荷物、重かった」と言って甘えた妻に、「二人暮らしで、こんなにいっぺんに買ってくることないだろう。もっとこまめに買い物に行けばいいんじゃないか」と言ってしまうとかね。こういう展開なら、話さない方がましである。妻が無口だという夫の多くが、結婚生活の最初にこれを繰り返したに違いない。

それから、話の最中に、「君の話は、要するにこういうことだろう」と簡潔にまとめられるのも、なかなかに腹立たしい。女は、「何を感じたのか」を話そうとしているのであって、「結果どうなったか」は二の次なのだから。

おわかりだろうか。女性の対話は、男性のそれとは、目的が違うのである。

女たちは、感じたことを語り合い、共感することによってコミュニティの核を作ると共に、互いに感じたことが似ていることを確認しあって、自分の感性が群れからかけ離れていないことに安堵《あんど》する。計測機器のゼロ点調整みたいなものである。

人類は、子育てを担当する個体が、群れの中にいたほうが幼体の生存可能性が上がる種なので、女性脳には、これらの本能が授けられたのだ。

つまり、女性のおしゃべりとは、直接的な情報伝達以前に、コミュニティの形成と、感性のバランスをとるためのエクササイズに他ならない。このおかげで、女性たちはコミュニティに自然に参加し、感性を働かせて、初めての子育てをも危なげなく行っていくのである。

さらに、日頃の共感（心の連携）があるからこそ、いざ事が起こったときも、事前に役割やルールを決めておかなくたって、阿吽《あうん》の呼吸で組織化して動ける。何が起こるかわからない、どんなメンバーで事に当たるかわからない、そんな日々の暮らしにおいては不可欠の、共感を基軸にした「心の共同体」構築こそが、女のおしゃべりの第一目的なのである。

逆にこれができないから、男たちは、家族にも融けこめない。子どもと話をするときも、共感のあいづちを忘れないことだ。「きみは、そう感じるのか。なるほど」……たとえ、最後は叱《しか》ることであっても、絶句するような凶悪な事件でない限り、共感の一言から始めるのが、家族の対話のマナーだと思う。少なくとも、女と子どもは、これを自然にやっているのである。

男たちは、思春期になって男性ホルモンの分泌《ぶんぴつ》が増えると、このことを忘れてしまうのだ。結論を急ぎ、共感することより競争を好むようになる。女や子どものたゆたうような話に我慢がならなくなる。けれど、ここで述べたように、女の無駄話にもちゃんと効用がある。

そうそう、おしゃべりの効用は、まだある。以前にも述べたけど、女性脳は、何か事が起こったとき、過去何十年分もの関連記憶を一気に展開する能力も備えている。

今日の無駄話が、数年後に役に立つ可能性もかなり高い。つまり、女たちには、一秒たりとも「無駄話」という時間はないのである。

家族や地域のコミュニティは、あなたが最後に守られる場所。妻は、無駄話をしながら、その場所を保ってくれているのである。今日から妻が、回覧板を持ってきた隣の奥さんと、あるいは電話で女友達と長々とおしゃべりをしていたとしても、「ああ、明日の家族のために頑張ってるな」と、温かいエール視線を送ってほしい。

人生の競争が終わっても長く生きるようになった人類。二十一世紀、女の無駄話はますます重要かもしれない。

Vol.12　夫を立てることの効用

夫を立てる。

そんなことばを使ったのは、何十年ぶりかしら（もしかすると、結婚二十五年にして初めてかもしれない）。

一九七〇年代のウーマンリブ以来、この国では、そんなことを言ったら排斥されそうな雰囲気があった。講演で私が夫のことを「主人」と呼ぶのをたしなめられたのは、一回や二回じゃない。女は男の奴隷《どれい》じゃないので、主人と呼ぶのはおかしいそうだ。担当者にそうたしなめられたとき、私は最初、男性たちからのクレーム（尊敬してもいないのに、〝主人〟と呼ばれて責任を押し付けられるのはかなわん）なのかと思った。一九八〇年代に社会に出た私たちの世代は、それくらい、しっかりと男女平等の空気の中にいる。この権利を手渡してくれた先達の女性たちに、深く感謝しなければいけない。

しかしながら、その一方で、男女の脳は明らかに感性が違うのに、すべて同じだと信じ込まされたことによって、弊害も出ている。女性上司が、「良かれと思って遂行したこと」で男性部下の不快感を煽《あお》り、役職を追われるケースが多発しているし、母親たちは、男児の子育てに戸惑い、キレる子や、思春期以降の男子の自律神経失調症も増えているそうである。

だから、この本では、一度はしっかり言っとかなくちゃ。夫を立てると、息子の成績が上がる、という素敵な法則を。

そして、それは、夫や息子を持たない、働く女性にとっても、有用なアドバイスにもなるはずである。

生まれつき空間認識力が高い男性脳は、距離や位置関係の把握に敏感だ。その昔、地図も標識もGPSもない時代に、荒野に狩りに出て、わが洞窟《どうくつ》に戻ってきた男たち。彼らの脳は、「見渡す限りの空間」を一気に把握する能力を有していた。歩きながら、たとえば、一km先の松の木と杉の木がどんな位置関係にあって、反対側から見ればどう見えるかなどを瞬時に測っていくのだ。そうして、脳のイメージ処理の空間に、壮大な鳥瞰図《ちょうかんず》を描くのである。

その系譜は、今の男性脳にも脈々と受け継がれている。だからこそ、複雑な図面を読み、メカを組み立て、高層ビルを建て、飛行機も飛ばす。日常からかけ離れた世界観をつかむのにも、同じ能力を使うので、男たちは宇宙論や世界経済も好き。大組織を把握して、想念で動ける。女ももちろん、それをするけれど、男たちほど感覚的にではないのである（だからこそ、男子優勢の領域にいる女子を敬愛してほしい。「頑張って、二次的に能力を手にする」女性たちには、その能力を明文化して他者に伝えるのが得意という利点もある）。

さて、脳の中では物理空間と概念空間の処理は、ほぼ同じ機能部位を使うので、モノの位置関係に敏感な男性脳は、人間同士の位置関係もとても気になる。すなわち、序列を気にするのである。一ｋｍ先の松と杉の位置関係を、無意識のうちに瞬時に測る男性脳である。誰が上か下か、この情報は誰から誰へ伝えるべきかが、気にならないわけがない。

一方、空間認識力が低い女性脳は、感覚的に序列があまり気にならない。だから、「部長、さっきエレベータで社長に会ったので、例の件、伝えておきました。ＯＫだそうです〜」なんてことをしてしまいがちなのだ。当然、女性としては、お手柄のつもり。男たちも、結果オーライだとは知っている。

だけど、そういう事実関係とはまったく別に、男たちは、こういう序列を無視した行為を、私たち女性の想像をはるかに超えて不快に感じている。別に自分を大事にして欲しいわけではなく、秩序が乱されたことに混乱を感じるのである。結果、「業務成績はいいし、顧客の評判もいいのに、社内の評価が低い」という羽目に陥ってしまう。

男社会にいる女性たちは、このことを肝に銘じたほうがいい。情報伝達の中抜きをするときには、それなりの覚悟と配慮が必要だ。もちろん、膠着《こうちゃく》した大組織には、ときには秩序を飛び越えることも必要だし、しちゃいけないとは言っていない。ただ、ときに大津波が返ってくるから、どうか気をつけてほしい。

さて、序列に敏感なのは、男性脳の生まれつきの反応なので、男の子の子育てでは、気を付けないといけないことがある。それは、食事を出す順番。

長男は、下の子が生まれるまでは、なんでも一番にやってもらえたのに、下の子が生まれたとたんに二番目にシフトされる。このことが、女親の想像以上に心の傷になるそうである。なによりもいけないのは、今日と明日で気まぐれに順番が違うことだそうだ。序列に敏感な男の子は混乱して、日々の暮らしに漫然とした不満を抱え、落ち着きを失う。

母親は、「お兄ちゃんのくせに、赤ちゃんに嫉妬《しっと》して」と済ましてしまうが、その混乱の原因は、母親の序列無視にあり、心がけによって、長男の落ち着きを取り戻すことは可能なのだ。

「男の子の兄弟間では、食事を出す順番を間違うな」とは、心理学者や教育学者も言う。長男↓次男の順番を、守ってやることが、彼らの心の安寧のベースになるのである。赤ちゃんがお腹《なか》をすかして泣いたとき、長男に「あなたは大丈夫？」と声をかけ、場合によってはりんごの一かけでも渡す配慮があってほしい。

長じれば、ごはんを出す順番は長男↓次男を遵守《じゅんしゅ》し、レストランで弟が「僕、ハンバーグ！」と先んじても、弟に目で優しく合図を送りながら、「お兄ちゃんは？」と聞く配慮。こういうことがあってこそ、兄は「お兄ちゃんだから、我慢しなさい」に耐えることができるのである。

そういう配慮が欠けているのに、「お兄ちゃんのくせに」と叱るのは、幼子には酷だ。大人である夫だって、序列無視には傷つくのだもの。ときおり「夫が赤ちゃん（第一子）に嫉妬する」という嘆きを聞くことがあるが、これも単なる嫉妬ではなく、序列無視への不快感であり、無視していると、意外にも夫婦間の溝になってしまうこともある。

ちなみに、弟は、最初から「二番目であることの秩序」の中にいるので、二番目であることが心を傷つけたりしないそうだ（そこが、姉も妹も、ときには母でさえも一番でありたいと願う女性脳とは、違うようである）。それよりも、兄として我慢するお兄ちゃんを、弟は尊敬する。男性脳の「位置関係意識」は強く、幼少時に出来あがったこの関係は、生涯続くという。たとえ、弟の方が、社会的地位が高くなったとしても。

男兄弟を育てる人は、「男の子を育てるのは難しい」と嘆く前に、食事を出す順番に気をつけておくといいと思う。絶え間ない兄弟げんか、突然キレる、思春期の自律神経失調症などの子育てトラブルを未然に防ぐのに、かなり役に立つはずである。

さて、この家庭内秩序のトップに君臨させてあげるべきは、実は長兄じゃない。夫（兄弟の父親）なのである。夫は、スーパー長男と心得よう。

すなわち、家にいる男子の年齢順に、おかずを出すこと。夫→長男→次男の順である。夕飯に夫がいないときも、子どもたちが大皿の料理に手を付ける前に、「これは、お父さんの分」と、うやうやしく小皿に取り分ける配慮も大切だ。

実はこれ、夫のためというより、息子たちへのパフォーマンスなのだ。

序列が気になる男性脳は、自分の行く先の立場がどういう状態なのかを繊細に観察している。「行く先」の素晴らしさを提示してやることは、男性脳のモチベーションを上げる大事な要素なのだ。だから、大企業の役員室フロアは立派なのである。

家庭の中だって一緒だ。十数年にもわたって一生懸命勉強して、必死に働いた揚句に、妻にないがしろにされている父親が「行く先」では、勉学へのモチベーションが上がるわけがない。息子の勉学意欲のために、妻はせいぜい夫を大事にしてほしい。しかも、このことは、夫の労働意欲をも向上させるので、一石二鳥である。あるアンケートによると、「男が家族のために頑張る気持ちを失う瞬間」のトップに、「大皿に、残骸《ざんがい》のように残された、自分のおかずを見たとき」というのがある。

さらに、夫を最優先すれば、夫には家長の風格と優しさが出てくる。我が家では、食事を出す順番を徹底するようになって半年になるが、昨年まで風邪をひけば自分の具合の悪さばかりを言い募っていたオットが、今年は、「風邪をひいたよ。皆は大丈夫か？」と家族をいたわるようになってくれた。

「誠実なひとだけど、家族に対する思いやりがちょっと足りない」のが欠点だったオットが……積年の悩みは一気に解決である。これは、かなり即効性のある「妻の知恵」であろう。

そうそう、娘しかいないご家庭でも、夫は立てておかないと、娘たちがそのやり方を知らずに息子を育てることになる。気をつけてくださいね。

Vol.13 静かな覚悟

私が大学で学んだのは、物理学である。卒論のテーマは、二〇〇八年に三人の日本人がノーベル賞を受賞して話題になった素粒子だった。

私に最先端の科学を味わわせてくれた母校は、古都奈良にある、小さな女子大である。正面には、レトロで愛らしい洋館が佇《たたず》む。受験生のときには憧《あこが》れたその洋館が、在学中は、先端の研究を担《にな》う場とも思えず歯がゆかった。卒業して四半世紀以上経《た》つ今では、変わらず穏やかな風情《ふぜい》を見せてくれるその姿が、私の誇りでさえある。

その母校が、今年の五月に百周年を迎えるという。前身の奈良女子高等師範学校が開講したのが一九〇九年五月一日。以来、多くの教育者や職業婦人を生み出してきた。百周年の知らせを聞き、私はふと、私自身の卒業式の祝辞に語られたエピソードを思い出した。

「その昔、奈良女高師出身の先生は、生徒たちに畏《おそ》れられました。別に声を荒げるわけでもない、穏やかでユーモアがわかる先生たちなのに。理由は足袋です。奈良女高師出身の先生は、どんな雨の日にも真っ白な足袋を履いていた。女学生たちは、あるいは同僚の先生方も、その足袋に背すじが伸びる気持ちになったといいます。その凛《りん》とした姿が、ことばでは伝えられない多くのことを伝えていたのでしょう。卒業生たちが示してきたこの覚悟を、本日、卒業するあなたたちにも伝えたいと思います」

私の脳裏に、雨の日の暗い昇降口に佇む、優しそうな女性教師の姿が浮かんだ。姿勢の良い袴《はかま》姿のその足元に、にじむように浮かび上がる白い足袋。その姿が伝えるのは、「教師としての覚悟」にほかならない。その静かな覚悟は、声を荒げて教師への礼を言い募らなくても、声高に権利を主張しなくても、この人を軽んじることはできないという思いを、周囲に、自然に生んだのに違いない。

二十一世紀に働く私たちに足袋はないけれど、そのことばは、これまでの人生で幾度となく私の脳裏をよぎった。そこに立っただけで、役割と覚悟を伝えられる女性になりたい。願うようにそう思い、二十数年、職業婦人として生きてきた。

男女雇用機会均等法（雇用均等法）以後、この国の職業婦人から消えたのは、この覚悟だったのではあるまいか。母校の誇りに、何年かぶりに胸を熱くした夜、私は、そんなことを思った。

現場のエンジニアとして走り回っていたころ、私は、顧客の話は必ずメモに取った。

定番のささやかな要望だと、メモを取らない後輩の女性社員にはこう諭した。「私がメモを取るのは、お客様の意見を伺う覚悟を示しているの。メモが必要かどうかじゃない」と。

それに、と、私は続けた。人は、異形の者に、暗黙の不安を感じる。男社会であるエンジニアリングの世界で、私たち女性は異形なんだから、少しでも相手の不安を解消しましょうよ、と。

「私は仕事が出来るのに、女性だから割りを食う」と愚痴を言う前に、私たち女性エンジニアが、技術の前に覚悟を示せているかどうか、それも男性脳にわかりやすい形で。職業婦人としての私の行動の指針は、常にそこにあった。

私は、雇用均等法の三年前に就職しているので、当初はセクハラもずいぶんあったように思う。私自身が開発した人工知能システムの説明をしていたら、「女が理屈を言うのは、不快で聞いていられない」と席を立たれたこともある。会社には、「女なんかよこして、うちを馬鹿《ばか》にしているのか」とクレームも入った。人工知能エンジニアが、理屈を言わないで、どうやって仕事をしたらいいのだろう……?

今思えば、男性たちが、こうして比較的無邪気に「女性への不快感」を示してくれたのも、かえって良かったのだろう。若いうちに、「何に留意したら、男社会でスムーズに生き残れるか」を肌で知ったし、職業婦人としての覚悟も日々強まっていったもの。

雇用均等法から二十五年近く経った今、「出産祝い金百万円、子育て休暇二年」なんていう厚遇さえ得た現代の職業婦人たちは、「保育園費は出ないの？」「小学生の塾費は？」などと言いだしたりして、私たちの世代をびっくりさせる。でも、権利を与えられて、さらに権利に貪欲《どんよく》になるのはヒトの脳の仕組みとして自然なことだ。覚悟の必要のない今の職業婦人はかえって不幸なのかもしれない。だって、覚悟をした方が自分の心が清々《すがすが》しくなるので、生きることが楽になるのだもの。「こうしてくれない、ああしてくれない」と言って生きるのは、かなりだるい。

さて、私も反省しなければならないことがあった。家庭婦人としての私は、なんの覚悟を示すことなくここまで来てしまったような気がする。だから、皿の一つも洗ってくれない夫にムカついたりする。いけない、いけない。

たぶん、割烹着《かっぽうぎ》を着ないのがいけないのだろう。最近は、食洗機があるし、コンロも良くなったので服が汚れない。たとえ汚れても、洗濯機がきれいにしてくれるし、そもそも量産化のおかげで日常着が安い。現代人は、服を着る覚悟も足りないのだ。汚れてもいいトレーナーのまま台所に立つ私に比べ、母はいつも清潔な割烹着を着ていた。あの母の姿には、威厳があったような気がする。

今度の休みに、白い割烹着を買おうと思う。家庭婦人として覚悟すれば、家族の風景が変わってくるかもしれない。……なんて、覚悟を決めたとたんに、夫が皿を洗い、洗濯物を干してくれた。私の覚悟が、何かの副作用を生んだのかしら? しめしめ(なんていう魂胆がいけないんだけどね)。

Vol.14　最後の責務

男女脳の違いを研究していて、なんだか胸がしんとしてしまったことがある。

男性脳は、女性脳に較《くら》べて、「自分がいい思いをしたい」という快感欲求が弱いのである。男たちは、真摯《しんし》な向上心か、与えられた責務を遂行する責任感のどちらかに導かれて、人生の長い道程を歩いている。このどちらもが欠落している場合は、セックスやギャンブルなどの衝動的な欲求を推進力にして。それさえもない場合は世捨て人となる。考えてみれば、なんとも切ない脳の持ち主なのである。

右脳（感じる領域）と左脳（顕在意識に直結した領域）をつなぐ脳梁《のうりょう》が太い女性脳は、感じたことが意識に上がりやすく、ものごころ付いたときから、「自分の気持ち」を見つめて生きている。そのため、自分に興味があり、「いい思いをしたい」という欲求も強い。もっときれいになりたい、もっと美味《おい》しいものが食べたい、もっとしあわせになりたい……そういう、明日の快感を求める気持ちで、女性たちは、たくましく生きていけるのである。

大失恋して、悲しくて死んじゃう、と思った夜も、お腹《なか》がすけば美味しいものが食べたくなり、食べ物を想像すれば生きる力が湧《わ》いてくる。そうして、「人間、失恋くらいで死にやしないんだわ」とつぶやきつつ、好物を頬張る。それが健康な女性脳の在りようである。

おばあちゃんになって、いっさいの社会的役割を失っても、「桜が咲いたら、花見に出かけよう」「こないだテレビで観《み》た、あの天ぷらまんじゅうを食べたい」などなど、自らの明日の快感を求めて、生きる意欲を失わないでいられる。いわば、「生きる意欲の自家発電型の脳」の持ち主なのである。

自己の快感欲求の弱い男性脳は、「自分自身の、明日のいい思い」を糧《かて》に生きて行くのは難しい。若いうちは、「もっと高く、もっと遠くへ」と、好奇心と向上心に駆られて走り続ける。やがて壮年期に入ると、社会的責任を全うするために頑張り続ける。定年退職しても、次の意欲（田舎に住んで畑を耕したい、地域に貢献したい）に駆られて、さらに走ることもある。こういう仕組みだから、本当に引退して家に入ったときの生きる意欲の紡《つむ》ぎ方が難しいのだ。

社会的責任から解放された男性脳に不可欠なのは、自分を頼りにしてくれる「生きる意欲の自家発電型の脳」なのではないだろうか。「今度、あそこに連れて行って」

「あれを食べに行きましょうよ」「明日、雨どいを直してくれない？」「あなたがいなきゃ、ゴミが片付かないわ」などと言ってくれる人。つまり、やや自己中心的な古女房が。熟年夫は、「仕方ないなぁ」などと言いながら、妻の呈した責務を果たした達成感で、けっこう活《い》き活きしているのである（と想像する）。

熟年妻にお願いしたいことは、二つ。どうか、夫へのお願いごとを消さないで。それから、どうぞ「ありがとう」を言ってあげて。夫も年をとってくると、できることが少なくなってくるかもしれない。積年の恨みがあったりすれば、「してもらわなくてもいいわよ（ふんっ）」なのかもしれないけれど、それでも、どうか、お願いごとを続けてほしいと思う。社会的責任を全うしてきた男たちが、最後に自らの幸福のよすがにするのは、妻の頼みごとと、感謝の笑顔だったりするのだから。口下手な日本の男たちは、けっしてそうとは言わないのだけど、脳の構造からいって、そうとしか思えないのである。

私自身は、一生、オットに手袋を買ってもらうことにしている。私の誕生日は冬の初めなので、〝贈り物下手〟のオットのために、生涯プレゼントに悩まないでいいように定番を決めたのだ。

私の手を北風から守るのは、これから一生、あなたの役目よ、と言ってあるので、オットが買ってくれなくなったら、手袋をしないくらいの覚悟はある。だから、オットは長生きしなければならないのである。

とはいえ、女性だって老いてくれば、「明日のいい思い」を語るよりも、「今日の痛み」や「明日のない悲しみ」に駆られる晩もある。妻の希望を糧に生きている夫たちは、妻の弱音に妻以上に落ち込んで、「痛い、痛い、言うな！　おれの責任じゃない」などと、非道なことばを返したりする。ショックなのはわかるけど、熟年夫たちにもお願いがある。そんなときは、どうか「痛いよなぁ、わかるよ」と共感してあげて欲しいのだ。共感が得られれば、妻には「明日のいい思い」が蘇《よみがえ》ってきたりもするのだもの。

夫婦の最後の責務は、そうして、互いに「明日の希望」を灯《とも》しあうことなのではないだろうか。

昨夜は、私とオットの二十四年目の結婚記念日だった。「来年は銀婚式、いつか金婚式を迎えるまで、健康でいようね」と乾杯した後、そんな〝最後の責務〟を思った晩であった。道半ばの私が生意気なことを言うと思われる諸兄もいらっしゃると思うが、結婚記念日に免じてどうか大目に見てほしい。

Vol.15 母親という生き物

十八年前、息子が生まれた晩、私は不思議な夢を見た。声だけの夢である。

五十くらいになった息子が、「おふくろは、しょうがない女だったけど、ひたすら俺を愛してくれたよなぁ」と、つぶやくのを聞いた夢。耳元に温かい息の振動が伝わり、なんともリアルな体感だった。しかも、人生のひと山を越えてきたその深みのある声が、先ほど生まれたばかりのわが子だと、なぜか夢の中で、私は確信していたのである。

まるで、もう目が開かなくなった五十年後の私に(心臓も止まっているかもしれない私に)息子が漏らしてくれた未来の一言を、先に聞いたかのような、そんな夢であった。あれが、逝《ゆ》く、ということであるなら、それはあまりにも幸福な瞬間だと思う。ああ、あそこへ向かって歩けばいいのだと、深い安堵《あんど》に包まれつつ、私はもう一度眠りに落ちて行った。

母となる喜びは、人生の確信をもらうことなのではないだろうか。今、ここにいることの確かな意味を知ること。女は、母親になったとたんに、死ぬことが戦慄《せんりつ》するほど怖くなる。この子が育ちあがるまで、なんとしても傍にいてやらなければならぬと思うからだろう。しかし、同時に、子どもが育ちあがった後に死ぬことは、何ら怖くなくなるのだ。命がけの使命感と、命を超えた完遂感が、なぜか一度にやってくる。それが、〝母〟というものらしい。やっぱり、死ぬほど痛い思いをしてなるだけのことはある。

さて、あの晩の「私のゴール」を、いったい誰が見せてくれたのであろう。あの夢のおかげで、うちの息子は、かなり楽をしていると思う。あの場所にたどり着くために（「しょうがない女だけど、俺を愛してくれたおふくろ」になるために）、息子の心のありようを、どんなときにも肯定して受け入れようと決心したからだ。

だから、私には、はなから「頭ごなしに叱《しか》る」という発想がない。離乳食のお椀《わん》に手を突っ込んでくちゃくちゃにした一歳の息子にも、宿題を忘れた十歳の息子にも、試験前夜にバイクを駆る十七歳の息子にも。どれもまず、彼の心のありようを想像するところから始めるので、「わかるよなぁ、その気持ち」と共感してしまい、そもそも、かっとしないのだ。でも、理解を示した後、私は毅然《きぜん》とこう言うことにしている。

「わかるよ。気持ちはわかるけど、男として、それはかっこ悪い」

一歳のときから、そのセリフは変わらない。離乳食をめちゃくちゃにする赤ん坊にも、「母は、あなたにかっこいい男になってもらいたい。煮込みうどんを振りまわすのは、かっこ悪い」と伝えたし、高校生の今も「こんな問題が出来ないなんて、男としてかっこ悪い。成績の良し悪《あ》しじゃないのよ。間違え方にもかっこいいと、かっこ悪いがあるの」と伝えている。

男としてかっこ悪い、と言われると、息子はぐうの音も出ないらしい。「ごもっとも」と、大きな体を丸めてうなだれている。

よくよく考えてみれば、かなり主観的な理屈である。「なぜ?」と問われれば、「母の私がそう感じるから」としか答えられないのである。しかし、息子が逆らわないのは、「母のために、かっこいい男でいたい」と思ってくれているからだろう。そんな息子が愛《いと》しいと思う。

母という生き物が面白いのは、息子への愛しさが溢《あふ》れると同時に、その視点で、世の男性たちもついでに愛しく思えることだ。

夫に接するとき、彼に降り積もる義母の思いを感じる。だから、いっそう大切にしなくちゃと思う。外で、仕事で一緒になる人にも、私はそれを感じてしまう。見たこともないその人の母上に、「あなたの息子は、凛々《りり》しく社会を支えていますよ。誇らしく思ってくださいね」と伝えたくなる。

街の不良高校生のだらしないズボンさえも、息子にするみたいにちょちょっと上げてあげたくなってしまう私である。息子は「絶対にやるなよ。ぼこぼこにされるぞ」と注意するのだが、いつかやってしまいそうな気がする。しかも、実際にやったら、意外に照れ笑いして許してくれそうな気も……おばちゃんの陽気な肝っ玉パワー恐るべし、である。

ストレスの多い現代社会に、こうして「肝っ玉かあさん」になれることは本当に幸福だと思う。子どもを産んでも愛せない若い人たちが増えていると聞く。五十歳になった息子や娘のつぶやきを糧にしてみたらどうかと思うのだが、そんな簡単なことじゃ駄目だろうか。

Vol.16 男が大人になる時

先日、夏のはじめを高らかに告げるように、雷が鳴った。なかなか激しい雷雨である。街灯に照らしだされる何千本もの雨の軌跡が、ときどき風にあおられて、カーテンのようにひるがえる。雷光の銀色のフラッシュが美しい。

ガラス越しに眺めていたら、息子が、外で一緒に見ようと言うので、二人で綿毛布にくるまってベランダに立った。こういうとき、背中に腕を回すのは私の役目だったのに、今は息子の役目である。息子を頼りに立っていることに、なんだか新鮮さを覚える。で、気づく。そうか、一緒に雷を見るのなんて、数年ぶりだったんだ。

つまり、この前の同じシチュエーションのとき、息子は小学生。逆の腕位置だったのである。我が家の息子に「思春期の難しい時期」はなかったような気がしていたけど、わずかに母親との距離が空いていたのかもしれない。

続いて、私は、面白いことに気づいた。息子が、雷の音を怖がらないのである。「雷、こんなに光ってるのに、遠いのかな。なんだか、音の迫力がないね」という。

私は深い感慨を覚えながら、「あなたが、大人になったからよ」と、教えてあげた。

読者諸氏には、雷の音は、どう聞こえるだろうか。

ピシャッガラガラドシャーン、というのが、私の耳に聞こえる、近場の雷の音である。この一連の雷鳴の中に混じる「ピ」や「シャ」の音が、どうも年齢と性別で聞こえる大きさが違うようなのだ。特に、薄い麻の生地を剃刀《かみそり》で裂くような「シャ」という音は、鳥肌が立つような不快さで、聞く者を震え上がらせる音だが、高音域の、しかも戦慄の皮膚感を想起させるこの音は、女や子どもの耳にはよく響くものの、大人の男性にはあまり聞こえないらしい。近場の雷鳴でも、成人男子には、「ガラガラドーン」と、ほぼピ・シャ抜きに聞こえるようである。

昔、チョークの硬い部分が黒板を引っ掻《か》く音を、女子はきゃあきゃあ言って嫌がったのに、中年の男性教師は意に介さず、男子も、まぁまぁ我慢できるようだった。少なくとも、女子への嫌がらせに黒板や曇りガラスを爪《つめ》で引っ掻いて遊ぶくらいは平気だった。女子には、戯《たわむ》れにもそんなことはできない。

その理由は、あの「キー」という高音域への感度の違いだったのだ。工場で使われる超音波洗浄機や、超音波カッターの「キーン」という音を、成人男子の多くは「静かだ」と言う。「超音波なんだから、聞こえないでしょう」と笑う中高年男性も多い。ところがどっこい、若い女子には、超音波カッターはうるさいのである。しかも、鳥肌が立つほど不快で、近寄れないほど。若い男子にも高音域の音は聞こえるが、どうもこの「鳥肌が立つほどの皮膚感」のリアリティが違うらしい。「聞こえるし、確かに不快だけど、しゃがみこむほど嫌じゃない」というのが、若い男子の感想である。男女では、音の聞こえという、ごく原初的な生理機能にもこんなに違いがあるのだ。

ちなみに、暑さ寒さの感覚にも、男女で感度の違いがある。女性は、冷房を入れれば寒がるし、止めれば暑いと文句を言う、わがままなので困る、という男性がいるが、女性脳は感度がいいのであって、わがままなのではない。その辺りを理解してほしい。女は身ごもって生み出す性なので、子孫を残すためには、自分が生存している必要がある。だから、身体《からだ》の変化に敏感でなければならないのだ。

以前TVで、バレーボールの監督が、こんなコメントを言っていた。「監督もう駄目です」と言われても、女子バレーならもう一時間練習ができる。しかし、男子バレーなら、救急車を呼ばないと間に合わないことがある、と。

男性とは、死ぬまで戦えるように、男性ホルモンによって感度を鈍くされて生まれてくる性なのだ。必要と感じた責務なら、寒い暑いを頓着《とんちゃく》せず、「おなかがすいた～」とも「だる～い、もうだめ～」とも言わず、死にかけるまで走り続ける切ない性だ。

雷の音に、迫力がなくなった。

息子のこのセリフは、彼の脳が、「死ぬまで走り続ける」戦いに駆り出されたことを意味した。十八歳の夏。寝食も忘れて、雨の中を仲間と走ることを厭《いと》わない彼は、確かに大人になったのだ。母親の心の機微に寄り添ってくれていた優しい少年は、人類の生をつなぐために鈍感力を身につけ、荒野を行く青年に変わってしまった。雷の下、私は胸が詰まって、しばし絶句してしまった。

男たちよ。あなたたちは皆、こうして母の手を離れて、人生の長い旅に出たのね。なのに、鈍感だの朴念仁だのと言ってしまって、ごめんなさい。

Vol.17　夫婦の手帳

男性脳は、変化に弱い。

そのことを、女性たちは、もう少し理解してあげないといけないように思う。

リタイア後、家にいる夫がストレスだという妻はとても多い。実際に、夫の定年退職から三年目、専業主婦妻の死亡率が顕著に高まるというデータもあり、ストレスは気のせいでは済まされないのである。しかし、そのストレスも、男性脳の仕組みを知れば、少しは楽になるのではないだろうか。

というのも、夫が家にいるようになったときの妻のストレスの第一位は、出かけるときに「どこに行くんだ？　何時に帰る？　おれの昼飯は？」と聞かれることだという。これは、先の見えない事態に不安を感じる男性脳が、予定を確認したいだけ。なのに、妻の方は、外出を責められているような気になり、籠《かご》の鳥になったような息苦しさを覚えてしまうのである。

熟年離婚を回避する術《すべ》として、多くの媒体が、夫にその質問をするなとたしなめる。

しかし、それは酷というものである。

「先の見えない事態」「定常と違う状況」に、男性脳がどんなに不安を感じるか……。それはもう、切ないくらいだ。そんな状況を長く続けたら、男性脳の方が参ってしまう。免疫力《めんえきりょく》が落ちて、老化が進んでしまう。可哀想《かわいそう》だし、介護が早めに始まってしまうのは妻のためにも残念だ。

というわけで、私がお薦めしたいのは、夫婦でお揃《そろ》いの手帳を持つこと。そして、決まった曜日の決まった時間にミーティングをすることである。たとえば、月曜日の朝十時、「ミーティングをしますから、リビングに来てください」と夫を招集する。「今週は、火曜日はお友だちと美術館でランチ、水曜日はダンス、木曜日は読み聞かせボランティアで市役所に行きます。お昼は、何かテキトーに食べておいてください。帰宅は、すべて十六時頃の予定。お夕飯は美味《おい》しいものを作ってあげるから、楽しみにしててね（微笑）」

こう言っておけば、多くの夫は安心し、出かける妻にびびって玄関まで出てきて、尖《とが》った声で「俺の昼飯は？」と聞くこともない。たまにそんなことがあっても、手帳を出して、「ほら、予定通りのダンスのレッスンよ、安心して」と言ってあげればいい。予定外の外出のときは、黙って準備を始めずに、「今日は、急に出かけることになりました。お昼は、テキトーにやってね。帰宅は十四時ごろよ」と穏やかに一言告げてから。何も言わずに、ストッキングを穿《は》き始めると、男性脳は、不安で不安でたまらないのである。

長期レンジをつかんでもらうため、月初にマンスリー・ミーティングをしてもいいかもしれない。妻側が億劫《おっくう》じゃなかったら、このミーティングで経営概況（先月は結婚式が多く交際費が嵩《かさ》みましたが、今月は出費の予定はありません、とか）を報告してあげたりすると、あんまり意味はないけど、ほっとするはずである。数字は、男性脳を慰めるからね。

これは、幼い男の子だって同じだ。高校生の息子だって、休日に母親がいきなりお化粧したりすると、「え、どうしたの？　出かけるの？」と聞いてくる。定常と違うという事態が、男性脳を苦しめる。女性脳には想像もつかないような不安が、そこにはあるのである。

リタイア前の我が家では、お揃いの手帳は持たないけれど、リビングにカレンダーを張り、私の予定は、ここに赤いマジックで大きく書き込む。帰宅時間もしっかりと示す。それに加えて、日曜の夕食後にその週の予定を確認するし、毎朝その日の予定を再確認もする。

そうしておいても、オットに「明日はどこにいるの？　何時に帰る？」と聞かれることもある。私はむっとした感情を外に出さないように用心して、「カレンダーに書いてあるように、名古屋出張よ。十九時帰着予定だけど、天むすときしめん買って帰ってくるから安心してね」と答える。

脳裏に過去の知識を総動員し、今の状況に対応する知恵をダイナミックに創出する女性脳は、状況の変化にびくともしない。逆に、予定を細かく決められると、「対応の最適化」がしにくくなるので、しんどいのである。

日報・週報・報告書は、女性営業マンを殺す、と私は主張している。女性脳の真骨頂は、臨機応変さにある。女性は、朝一に伺ったお客様の顔色や手ごたえで、今日の予定を変更したりする。数字には表れない潜在情報を肌で感じて、その場で見込みを微調整している。このため、明日や来週の細かい予定を、机上で、細かい数値付きで立てさせられるのは、感性上は耐えがたいのだ。そうはいっても、働く女性たちは、これが組織で生きるビジネスパーソンの義務だと知っているので、頑張って続けているのである。

というわけで、実に、女性は、放っておくのが一番のモチベーションアップ法となる。女性チームに最大のパフォーマンスを出させようと思ったら、「好きにやりなさい。責任は俺がとる」というセリフが一番。しかも、経過を付かず離れず、温かく見守る姿勢を示せば完璧《かんぺき》だ。放っておきすぎると、「わかってくれない」と言いだすからね（微笑）。

しかし、男性たちは、ちょっと違う。日報や週報に机上の数字を入れるのは、女性ほど嫌ではないのである。逆に、予定確認と成果確認のない業務は、男性脳には耐えられない。

この男女の違いは、女性上司が男性部下を管理するシーンにおいて、より深刻となる。女性上司は、男性部下の日報・週報に、あまり熱心に反応してあげられない。数値を予想すること自体が虚《むな》しいのだから、予想数値を微調整してやったり、それをクリアしたことを喜んであげたりする気分にもなれないのだ。

報告書を「ざっと斜めに見る」女性上司に、意外にも傷つく男性部下。男たちのモチベーションは、こんなところで、女性上司の知らないうちに下がることもあるのである。しかも、こういう原因は、表立って言ってもらえないので、女性たちは、どうか心にとめておいてほしい。頑張ってきた働く女性たちが、こんなところで足をすくわれるのは、あまりにも悲しいから。

さて、この、女性上司の足をすくう男女の違い……同じことが、リタイア後の家庭にも言える。

今日の天気や気分で、何をするかを決めていきたい妻と、予定確認&成果確認をしないと不安な夫。しかも、リタイア後、初めて、この二人が一日を共に過ごすのだから、女性上司が昇進したときよりも、ことは深刻かもしれない。

妻の臨機応変さに夫が慣れるまでは、夫婦でお揃いの手帳を持つこと。その覚悟が、その後の生活の快適度を大きく変える。予定確認などしないで生きてきた専業主婦には最初は億劫かもしれないけれど、使ったことのない脳回路の活性は老化を防止する。アンチエイジングの一環と思って、試してみてほしい。

Vol.18 なぜ女性は昇進を拒むのか

昇進を、拒む女性が増えている。

部長以上のエグゼクティブ・クラスでは、昇進を打診したとたんに辞められることも多いと聞く。優秀で意欲もあったのに。昇進を喜ぶと思ったのに。男たちは、驚きと困惑を隠せない。

男女雇用機会均等法から二十四年。均等法初期世代は、四十代後半にさしかかっている。順当に活躍していれば、エグゼクティブゾーンに入る頃である。しかも、時代はダイバーシティ&インクルージョン（多様性と受容性）を企業の品格と位置づけ、役員に女性がいることが評価される時代だ。

しかし、頼みの優秀な女性社員が、昇進したがらない。

二十代では、男子よりはるかに意欲も実力もある女子社員。それが三十代になると、男性社員の方が頼りになるようになり、四十代にもなると圧倒的に差がつく。女性は二十代に優秀だからといって当てにならないのだと、苦々しい顔をする男性経営陣も少なくないのである。

こういう意見を聞くたびに、私は、「あ〜あ、勿体《もったい》ない」と声を上げずにはいられない。二十代で優秀な脳が、三十代で優秀でなくなるはずはない。単に、周囲が彼女たちの意欲をキープしてやれなかっただけのことなのだ。本来なら、男性脳に欠けがちな「先の見えない事態へのタフさ、豊かな発想力、やりくり上手」を持つ優秀な女性エグゼクティブに支えられて、「鬼に金棒」でいられたはずなのに。女性のためではなく、男性たちのために、すこぶる残念である。

右脳（感じる領域）と左脳（顕在意識と直結して思考を司《つかさど》る領域）を連携させる神経線の束＝脳梁《のうりょう》が太い女性脳は、「自分の気持ちに照らして深く納得し、腹に落ちる」脳の持ち主でもある。一方、右左脳の連携が頻繁でない男性脳は、「自らの気持ちに照らす」のが得意でないため、客観的な指標を重要視する。

だから男たちは、仕事の成果も、昇進や報償などといった客観的な指標で評価してもらいたがる。状況を「自分の気持ち」ではかりにくいので、客観評価してもらうと「俺も、ここまできたか」と安心するわけだ。わかりきった定番の褒め言葉を、何度言われても嬉《うれ》しい、というのも男性脳の特徴。

ところが女性脳は、客観評価には、それほどの価値をおいてはいない。それよりも、「きみはあのとき、潔《いさぎよ》く頭を下げたなぁ。プロになったね」のように、自分が苦しんで乗り越えた瞬間をちゃんと見守ってくれていて、しかもことばで評価してくれる上司の存在が大きくモチベーションを左右する。女性脳は、気持ちに触れてもらうと、自分自身を認めてもらったような気がするからだ。

逆に、営業成績が一番になって、「成績がいいね、きみ!」と褒められても、なんだか、どうでもいいような気分である。度重なれば、「成績が良ければ、他の誰だっていいわけでしょ?」という虚しささえ感じてしまう。

優秀な女子社員ほど成果で褒められるので、「私という存在を、本当はわかってもらえていない」という深い絶望を深層に抱えがちになる。このため、「きみは優秀だから、ぜひボードメンバーに」と言われた途端に、「そんな責任を背負うのは、絶対に嫌。私でなくてもいいポジションに、闘いながらしがみつくのはもうたくさん」という気分になってしまうのである。

ちなみに、美しい女性を「美人だね」と褒めるのも、同様に逆効果なのを知っていましたか? 「あー、顔だけね」すなわち「私という存在を、本当はわかってもらえていない」という虚しさにつながるのである。美人が必ずしも幸せでないのと、優秀な女性社員が昇進を拒むのは、脳科学上、同じ法則にのっとっている。女性相手に、客観的にわかりやすい成果や美点を、定番のことばで褒めるのは、気を付けたほうがいい。

ちなみに、妻の場合は、成果と経緯を両方褒めても大丈夫。日本男子は、妻の成果を褒めなさすぎだからね。「おまえの揚げた天麩羅《てんぷら》は、本当に美味しいなぁ」と成果評価をした後、ぜひ、「この暑いのに、揚げ物はたいへんだったろう」と経緯へのねぎらいも加えてほしい。

女は、褒めてもらいたいわけじゃない。わかってほしいのである。

女は、わかってくれる人がいれば、どんなに先が見えない状況でも頑張れる。上司を男にしようと、自分を踏み台にすることも厭《いと》わない。ビジネスウーマンの心意気を、どうかわかってあげてほしい。

たとえば、上司が間違った判断をしそうになったとき、「自分があえてフライングしたふりをして、顧客を怒らせ、上司に悟らせる」という離れ業を見せる女性もいる。その場では、上司も彼女を叱《しか》らざるを得ないし、中には、本当に彼女のミスだと思う上司もいるかもしれない。けれど、「心の連帯感」さえあれば、女性は、こういうことにプライドを傷つけられることが少ないのである。先の見えない仕事を何年も続けても、免疫力が落ちない。

こんなタフな女性脳を活用しないのは、まさに企業の損失ではないだろうか。要は、わかってあげるだけ。褒めるポイントを男性脳のそれと変えるだけである。どうか、お試しあれ。

Vol.19　結婚二十八年目の法則

　ヒトの脳には、感性の七年周期がある。

　前にも触れたけど、これは免疫《めんえき》の中枢《ちゅうすう》である骨髄液が丸七年で入れ替わることに起因した、生理的なサイクルだ。

　生体は、外界刺激には反応しないと危ないが、その刺激が長く続くのであれば、適応しないとまた危ない。したがって、脳は、ある一定の刺激に対し、最初は反応するが、徐々に緩慢になって、やがてすっかり慣れる（飽きる）ように出来ているのである。

　たとえば、田舎から都会へ出てきて、幹線道路わきのアパートで暮らし始めると、最初は車の音がうるさくて眠れない。こんな状態が永久に続けば、生体リスクも著しいし、他の刺激に対する防御も手薄になってしまう。しかし、人間の脳とはよくしたもので、やがて気にならなくなってしまう。何年もすれば、すっかり都会暮らしに慣れ、逆に田舎に帰ったときに、蛙《かえる》の声がうるさくて眠れなかったりするものだ。

この「何年もすれば、すっかり逆転」が、実は、個々に不確定な年限ではなく、骨髄液が入れ替わるサイクル＝七年に添っている。

もちろん、死に関わる刺激には何年経《た》っても慣れることはないし、生きることに不可欠な刺激には飽きることはない。子どもは、ちゃんとご飯を作ってくれる母親に、七年で飽きたりはしないものだ。でも、生まれて七年目に小学校に入って生きる世界を広げるし、十四年目には思春期に突入して反抗期に入る（その前年に中学教育＝社会性を育てる段階にシフトして、脳の変化に備えている）。二十一年目には選挙権も手にして「成人」と認められる。脳が七年サイクルを描いて脱皮していくのは、どうも、社会的に認められた事実のようである。

ちなみに、七×七の四十九歳は、男性の突然死と自殺のピークであり、男女ともに更年期の入り口でもある。この脳の切り替わり年を、どうか大切に過ごしてください。たとえ、人生に絶望しても、それは、脳がいったん飽きただけ。ここをやり過ごせば、また生きる自信も好奇心も湧《わ》いてくる。

脳は、現実に反応しているように見えて、実は、内側の感性に強く従っている。現実がひどいから絶望したのではなくて、脳自身が今までの人生に飽きたから、「絶望すべき現実」を探し出してくる傾向があるのも事実なのだ。

だから、「絶望すべき現実」が見当たらないアラフィー夫人は、「子どもも無事巣立っちゃったし、夫は仕事に夢中で、話を聞いてくれない。虚《むな》しい」とか言い出すのである。いわゆる〝自家中毒〟ですね。こう書いたからと言って、私は、その脳の虚しさを軽んじているわけじゃない。外に責任転嫁《てんか》できない脳の苦しさは、本当に辛《つら》い、まさに現実の苦しさだからだ。だからこそ、気づいてほしいのである。それが自家中毒であることを。そうして、賢くやり過ごしてほしい。「時が最大の薬」である。

さて、こうして、七年サイクルですっかり気が変わる、私たちの脳。だから、新婚気分は、永遠には続かない。世界中の、どんなに愛し合った夫婦にも、当然、倦怠期《けんたいき》は訪れる。

触れあえばキスをしていた二人が、なるだけ目を合わさないようにして暮らすようになるのは脳科学上当然の成り行きで、夫婦の真髄は、その後の関係構築にあるのである。

「新婚の起点」は、夫婦それぞれ違うので、夫婦が目を合わせなくなる周期もそれぞれに違う。しかし、流行となると、大衆全体が同時期に同じものを見聞きするので、大衆全体で、同時期に同じ傾向のものに飽きてくる現象が起こる。「カラフルで丸い車」が各社出揃《でそろ》ったのは、二〇〇二年ごろだった。この年、新型マーチが発表され、各社ともコンパクトカーの好調期に入る。その勢いは男性向けの車にまでおよび、トヨタのbB、ダイハツの男タント、ホンダのゼスト、三菱アイなど、丸カワイイは市場に広がった。

そこから七年経った二〇〇九年、わざわざ「四角い」を強調した車のCMが登場した。「ごつんと、四角」と謳《うた》ったトヨタのルミオンや、「カクカク、シカジカ、四角い　ムーヴ」のダイハツのムーヴ・コンテがそれである。日産キューブも、あらためて四角いことを強調。さらに、ルミオンは、二〇一〇年に入り、「ごつんとルミオン、四角系！」とキャッチフレーズを変えて、人気の子ども店長の顔をCGで立方体にするなど、さらなる〝四角〟戦略を進めている。二〇〇九年に話題をさらったハイブリッド車（インサイト、新型プリウス）は、どちらもシャープな鼻先を持つ。

私どもの研究所では、二〇〇九年ごろから始まる、さまざまな事象の「四角、直線」回帰を既に予告していたが、それでも、こうして事例が出てくると興奮を禁じえない。二〇一〇年一月スタートのテレビドラマには「曲げられない女」「まっすぐな男」が並び、これにもくすりと笑ってしまった。

こうして、免疫の七年周期を使うと、流行の未来予測も不可能ではないのである。

さて、そうはいっても、車のデザインは、まだまだ「丸くて、かわいい」。ルミオンもキューブもムーヴも、かつてのスカイラインやセリカに比べれば、丸くてかわいい部類である。

実は、七年×四＝二十八年の大きな周期をもって、ヒトは、正反対の感性へと向かっているのである。「丸くて、かわいい」車に飽きて、「四角い、シャープ」と言い出すのに七年、そこから、本当に街中の車が「シャープ」になるのに、もう二十一年かかるのである。

今から二十八年前と言えば、一九八〇年前後。思い出してほしい。車は、シャープな直線で構成された、箱型のスカイラインやセリカの時代。ファッションも同様に、肩パッド入りのマニッシュなジャケットやスリムパンツ、ストレートパーマのワンレングス・カットなどで、シャープさを競っていた。

この時代、おやつは辛さの時代と言われ、スナック菓子や、スーパーミントのガムやキャンディがブームに。目で見たり、触ったりするものだけじゃなく、口に入れるものも、シャープな味覚を好んだのである。脳の感性領域は五感すべてに直結しているので、こうして、世の中の流行を串刺《くしざ》しにしてみると、明確な共通項が見られて面白い。

辛いものを好んで口にした当時の女の子たちは、口の利《き》き方も辛口だった。結婚相手の条件に三高（高学歴、高身長、高収入）を挙げて、男たちを威嚇《いかく》して翻弄《ほんろう》したのも、「シャープが嬉《うれ》しい時代」のワンレン、ボディコンの女子たちだったのである。

それから二十八年後の今、車は丸く、女の子たちも、髪をカールして、フリルやリボンを配し、下着みたいにひらひらキラキラしたかっこうを楽しんでいる。おやつは甘さの時代に入り、コンビニスイーツやデパ地下スイーツの新作が季節ごとに話題になるのも、今や定番。女の子たちの口の利き方も甘くなり、三低（低リスク、低依存、低姿勢）でいいそうである。

そんなベタ甘の時代も、既にピークを過ぎている。そろそろ、凛々《りり》しさが戻ってくるはず。その予兆が、四角い車や、テレビドラマ「曲げられない女」あたりに匂《にお》ってきている。私たちは、超シャープな時代へ向かって、二十八年間の長い旅を始めたのである。

というわけで、二十八年は、脳の感性のキーワード。当然、夫婦関係にだって無関係じゃない。

実に、結婚二十八年目が、夫婦は最も危ない。七年目の浮気を乗り越え、長い夫婦の旅路に出た二人は、二十八年目、新婚当時とは正反対の感性状態に陥るからである。
かつて「優しくて、おおらか」と思っていた夫が「優柔不断で、だらしない」に変わり、「男らしくて、頼もしい」と思っていた夫が「無神経なオレサマ」に変わる。
たしかに夫の方も変わっただろうが、それ以上に、妻の脳の感性が変わったのだ。

もちろん、夫の方にも、二十八年目の逆感性はやってくるのだが、そもそも男性脳は、感性にかられて結婚を決意していないので、「むかつく〜、どうしても嫌！」とまでにはならないようである。

三十歳で結婚すれば、結婚二十八年目は五十八歳でやってくる。「熟年離婚」という流行語は、団塊の世代が結婚二十八年目を迎えたころに流行《はや》っている。命がけで高度成長期を支えた夫が、妻に捨てられる。それが、脳の生理反応だと思うと、なんだか、切ない。

しかも、脳の感性の振れ幅は、プラスが強ければ、マイナスも強いので、かつて、激しく愛し合った夫婦ほど、二十八年目に、激しく拒否反応が出ることになる。
「夫が台所に入ってきただけで、いらっとする」という妻の自覚は、結婚二十一年目を超えると徐々に顕在化する。我が家では、結婚二十二年目の夏、それを自覚した。

私が、掃除したてのリビングで新聞を読んでくつろいでいるとき、オットが突然、リビングに入ってきたのだ。そして、冷蔵庫を開けて、眺めている。もちろん、彼の家だし、彼のボーナスで買った冷蔵庫である。自由に開ける権利はある。……あるにはあるのだが、その日、私は、そんなオットの動作に、どうにもいらついてしまった。「何？」と尋ねたら、オットは「喉《のど》が渇いたんだ」と言う。「あ、そう」という私の声が冷たかったらしい。「何か、気に入らないの？」と尋ねられた。

これには応《こた》えず、「あなたの部屋に、小型冷蔵庫を置かない？」と提案する私。オットが「なんで？」と尋ねるので、「あなたが、ここに来なくて済むから」と答えた。その時点で、あまりに冷たいなぁと自覚して、強く反省した。しかし、育ちのいいオットは、「別にリビングに来るくらい、面倒じゃないよ」とおっとりしている。セーフ、である。

そこへ息子が入ってきた。父親とまったく同じ動線で動き、同じように冷蔵庫の扉を開けて、しばし眺めている。

「どうしたの？」と聞いたら、「喉が渇いたんだ」と言う。オットと、まったく同じセリフである。しかし、私の口からは、まったく違うセリフが溢《あふ》れ出た。「アイステイでも淹《い》れようか？　スイカも冷えているのよ」

しかし、高校生の息子は、そっけなく「いや、麦茶でいい」と答えて、自分でグラスに注いで、消えてしまう。

「あらそう」と、ちょっとがっかりしながらふり返ったら、そこにオットがいるではないか。「何？」と聞いたら、「アイスティ、淹れるんでしょ？」

ええぇ、あなたのために～⁉

とは、思ったけれど、もちろん、声に出しては云《い》わなかった。オットのために丁寧に紅茶を淹れながら、ここから数年は、心してオットを大切にしなきゃ、と自分に言い聞かせた。それでもきっと、息子の八掛けくらいになるに違いないけど。

難しい二十八年越えを、ちゃんと遂行しなきゃね。なんといっても、こんな本を世に出しているのだから。〝「夫婦の法則」の黒川伊保子、偉そうなことを言って、結局離婚〟だけは回避しなくちゃ。

さて、二十八年目の夫婦の法則を知らない妻の場合、こういうむかつきを、大抵は相手が悪いと思っている。夫の無神経発言などで言質《げんち》を取るようなことがあれば、俄《が》然《ぜん》、自分が被害者のように感じて可哀想《かわいそう》になる。それが、結婚二十六年目ごろから顕著に起こることだ。

世の夫の皆様、その前年の銀婚式には、せいぜい点数を稼いでおいてくださいね。それよりも、この本を夫婦でお読みください。友人、親戚《しんせき》、知人にも、ぜひご紹介ください（ちゃっかり）。

妻である人にも、警告しておきたい。脳科学から言えば、結婚三十年を越えるころには、見るのも嫌だった夫に、徐々に愛《いと》しさが戻ってくるはずである。結婚三十五年目ともなると、今までにない一体感を経験するはずだ。「旅行は女同士が一番」と言っていた妻たちが、「やっぱり夫婦旅行が一番楽」と言い出すのも、このころである。

脳科学上、夫婦は三十五年寄り添ってみないと、その真価はわからない。よほど人間性にもとる行為がない限り、結婚二十八年目の嫌悪感《けんおかん》で離婚するのは勿体《もったい》ないかもしれない。「むかっ」としたら、「これも、かつて激しく愛し合った証拠」と思って、目をつぶってみてはどうだろうか。

Ｖｏｌ．20　家長の茶碗

先日、テレビドラマを観《み》ていて、久しく忘れていたあることばを思い出した。自尊心、である。

そのドラマ（「サムライ・ハイスクール」日本テレビ系）の主人公は、高校三年生の男子である。彼には特にやりたいこともなく、突出した得意科目があるわけでもない「なんとなく受験」組。いたって健康で、家庭は崩壊していない。見返す相手も逆境もないので、どうにも背筋が立たない。そんな主人公に、ある日、先祖の戦国武将の魂が乗り移る（しかも、本人の意識はあるままに、ときどき言動を乗っ取られてしまう）、という荒唐無稽《こうとうむけい》なストーリーである。

先日の回は、幼なじみの同級生女子が、ネットで誹謗《ひぼう》中傷されてサイトが炎上する（収拾がつかなくなる）、という話。

この女の子は、歌手になりたいのである。なので、夜中にひっそりと路上ライブをして、自分の歌を披露し、腕を磨いていた。それに目を留めた通行人が、彼女の歌う姿をネットにアップする。「カワイイ」「いい歌じゃん」などという好意的な書き込みが寄せられるうちに、ちょっとしたきっかけで誹謗中傷が始まる。それを制止しようとする書き込み者には、「死ね」の嵐《あらし》。

自分たちで注目しておいて、注目度が上がると嫉妬《しっと》に転じ、こきおろそうとする。「死」ということばを、平気で使う。ネット上のこの手のトラブルは、いまどき、現実にもよくある話である。被害にあった女の子は、騒ぐのもカッコワルイので平静を装《よそお》う。これも、現代高校生たちの平均の反応だ。

しかし、主人公に乗り移った戦国武将は、画面に溢れる「死ね」の文字に怒り狂う。「我に死ねと言えるのは、殿だけじゃ。名を名乗らぬ卑怯者《ひきょうもの》が何を言うっ」と。その怒りに感化された主人公が、「私は平気だから」とうそぶく女子に、こう言うのである。「そのほうが楽だからって、我慢してやりすごすのは、だめだと思うんだ。……よくわからないけど、だめだと思う」

彼女は、心動かされて、毅然《きぜん》として周囲に訴える。「私は深く傷ついた。書いたのは一部の人だけど、全員がそうなんじゃないかって思えて、誰も信じられなくなって、本当に傷ついた。だから、もうやめてほしい」と。彼女は、その気持ちの流れで、受験も歌手になる夢も、どちらもあきらめないことを誓うのだ。

ああ、自尊心だ、と、私は声に出して言ってしまった。ドラマの登場人物たちは、誰もそのことばを使わなかった。しかし、そこに描かれていたのは、まさに自尊心の芽生えだったのである。

自分の気持ちに多少嘘《うそ》をついても、周囲を丸く収めるのがオトナなのだという考えが、この国にはある。それもまた、美徳の一つに違いない。しかし、自分の気持ちに嘘をつくのが癖になると、ゆっくりと失っていくものがある。それが自尊心なのではないだろうか。

夢のために、おずおずと踏み出した第一歩。それを汚されてしまったままやりすごしたら、彼女は、その夢をやがて諦《あきら》めてしまったに違いない。しかし、憤《いきどお》りを毅然と口にしたことで、彼女は、この事態を振り切った。この事実は過去のことになり、彼女の夢を汚《けが》すことはもうないだろう。彼女は、自分で自分の夢を守ったのである。

それにしても、自尊心は、どこから来るのだろう。

そんなふうに思っていたら、私の膝《ひざ》に頭をのせて、バイク雑誌を眺めていた息子が、声を出した。「このバイク、よく似ていると思わない？　でもフルモデルチェンジなんだよ」

いわく、カワサキの名機Z1000は、毎年フルモデルチェンジをする。時代の〝正解〟は、そう毎年変わるものじゃないから、去年のモデルとよく似ていたりもする。だったら、マイナーチェンジで良さそうなものを、メカニックの士気を下げないために、必ずフルモデルチェンジにするんだって。いい話だと思わない？　だから、次のバイクはカワサキにしようと思うんだ。

次のバイクぅ？　その前にすることがあるだろうよ（息子は高三、瀬戸際《せとぎわ》の受験生である）と、喉元まで出かかったが、言うのをやめた。自尊心というキーワードが、また脳裏に浮かんだからだ。

一見、無駄と思われる中に、自尊心を育てる鍵《かぎ》がある？　怒りを口にしても、世の中は変わらない、だから丸く収めて諦める。安いほうが売れるから、国外で大量生産する。そんな合理性の中で、この国は、ゆっくりと自尊心を失ってしまったのだろうか。

私の脳裏に、ふと、実家の父の茶碗《ちゃわん》が浮かんだ。父の茶碗は、他の家族のそれとは一線を画して、大きく高価な「家長の茶碗」だった。我が家では、「家長の茶碗」を用意していない。食器洗浄機に並べにくいからだ。でも、もしかすると、そんなところにも、男たちの自尊心の鍵があったのかもしれない。

今度の休みに、「家長の茶碗」を二つ買ってこようと思う。一つは当然、夫のために。もう一つは、ほどなく一人暮らしを始める息子のために。たった一人でも、あなたはあなたの暮らしの「長」なのだから。そう言われて、風格のある茶碗と共に家を出たら、あまりだらしない暮らしも出来ないに違いない。

自尊心の保ち方は、しばらく、私のテーマになりそうである。

Vol.21 ヒーローの時代

ヒトの脳には、感性の七年周期があり、その四倍の二十八年間で、正反対の感性に向かう。この二十八年という単位で世の中を見ると、大衆感性のトレンドが見えてきて、とても面白い。このことは、前にも書かせていただいた。ここでは、この話を、もう少し掘り下げようと思う。

大衆には、ある感性に興味を持つ二十八年と、そのま逆の感性に興味を持つ二十八年を、交互に繰り返す癖がある。

前にも述べたように、大衆には、シャープな事象を好む二十八年と、まろやかな事象を好む二十八年がある。

現在は、まろやかでスイートな時代の終盤に当たり、世の中の女の子たちは、八〇年代ガールのように尖《とが》ったことばは口にしない。「三高」「邪魔しないで」「許せない」――なんてことばが日常にあった八〇年代と違って、「見守ってるよ」「大丈夫」「気にしないで」など優しいことばが溢れている。若い人たちは「空気が読めない」と言われるのも何よりも恐れている。

ただし、男子諸君、〝女が甘い時代〟に油断してはいけない。人を信じたがる、ということは、裏切られたときの恨みが深いということだからだ。これは、女性脳に限らない。ここのところ首相になった人たちは、やたら期待され、一気にそっぽを向かれてきた。いい思いが出来ない恨みを、無差別殺人で晴らす若者も続出した。おそらく、一般の人間関係も、かなりべたついているはず。「男は三高じゃなきゃ」と言い放った女の子たちの方が、放っておいてもめげないので、ずっと楽だったかもしれない。


さて、そんなべたつく時代も、そろそろ陰りを見せようとしている。べた甘な人間関係に嫌気がさした大衆は、徐々にシャープさを取り戻していく。この、シャープさを取り戻していく十四年間を、私は、「自尊心の時代」と名付けた。人間性のシャープさ（凜々《りり》しさ、率直さ）を支えているのは、自尊心だと気づいたからだ。

若者たちが「空気が読めない」と言われるのを恐れ、周囲に迎合せざるを得なくなっている現在、自らの信念を凛々しく、しかも誠実に貫く若者に、大衆の目は惹《ひ》き寄せられる。

バンクーバー・オリンピックで、女子フィギュアスケート初のトリプルアクセル二回成功の快挙をあげた浅田真央《まお》は、インタビュアーに「高難易度ジャンプの評価が低すぎると、世界中が言っていますが」と声をかけられ、「そうかもしれないけど、私にもまだやれることがあった。今後は、それを確実にこなしていくだけです」と答えている。

その凛々しさ、あふれる自尊心に、多くの働く女性たちが反応した。十代の女子を支持することの少ない三十代以上のキャリアウーマンたちの中にも、珍しく真央ファンが急増したのだ（若さに嫉妬しているわけではなく、女性脳は経験値を尊重するので、あまり若い女子に憧《あこが》れることがないのである）。

昨年（二〇〇九年）、マスターズに続いて、全英オープンに出場したプロゴルファーの石川遼《りょう》が、「タイガー・ウッズに再会したら、なんて挨拶《あいさつ》しますか？」と聞かれて、「僕のことを忘れているかもしれないから、自己紹介からし直します」と答えたのも、爽《さわ》やかでよかったなぁ。

照れずに、気負わずに、まっすぐな発言をする若者は、確実に増えてきた。彼らに対する周囲の好感度も上がってきている。

ほどなく、人々が、自らの自尊心を自覚し、他者の自尊心を尊重する時代に入る。大衆は、「誰よりも頑張った才覚者」にそれなりのエールを送りたいと願い、若者たちは「特別なヒーロー」に憧れて、凛々しさを取り戻す。時代の風は、今や、そんなふうに吹いている。

実はこれ、人物に対してだけではないのである。開発者魂を感じさせる商品にも注目が集まるようになる。精魂込めた「世界一」や「世界初」などに、ちゃんとした対価を払いたくなるのだ。おそらく「世界最○」と謳《うた》う商品が、これからは市場に増えてくるはず。人々が、「作り手の自尊心をおとしめるような爆安商品」や「本質を無視した過剰な飾り（世界最薄の携帯電話に、びっちりと飾りをつけるとか）」をもてはやした時代から、作り手の志に感応して、それなりの対価を払いたくなる社会へ。健全なものづくりの土壌が戻ってくる。

先の「自尊心の時代」は、一九五七年～一九七〇年。後半の七年は昭和のいざなぎ景気とぴったりと重なる。その入り口の一九五八年に東京タワーが竣工《しゅんこう》、半ばには東京オリンピックが開催された。

ちなみに、今期は二〇一三年～二〇二六年。不思議なもので、その入り口に新東京タワー・スカイツリーが竣工する予定だ。人々の心に「世界一」への憧れが戻ってくる、ちょうどその時期に、スカイツリーはその姿を天に向かって伸ばし、元祖東京タワーをはるかに超えて、竣工時には「高さ世界一の電波塔」になる。ちなみに、二〇二〇年の東京オリンピックが実現すれば、「いざなぎ景気」当時とまったく同じ経過だが、こちらはどうかしら。

さて、一サイクル前の「自尊心の時代」の幕開けの一九五七年。この前年、後に「日本人に最も愛された男」と言われた大スターがデビューを果たした。石原裕次郎である。

時代の変わり目に颯爽《さっそう》と登場し、人々の心をつかんだ彼は、新たな伝説を創《つく》り上げ、二十八年間トップスターであり続けた。かの「太陽にほえろ！」は、一九七二年から一九八六年まで放映され、なんと、全七一八回の放送を誇っている。

石原裕次郎は、デビューからちょうど二十八年目にTVから姿を消し、それから三年後に死去している。彼が死去した一九八七年は、トレンディドラマの全盛期に当たる。自己愛に溢《あふ》れた登場人物たちが、ブランド物に囲まれた、オシャレなライフスタイルを見せびらかしたあのドラマ・スタイルである。大衆全体が、享楽《きょうらく》に走ったあの時代。裕次郎全盛期とは、ま逆の風が吹いた。素朴でまっすぐであることがカッコ悪く、華やかで柔軟であることがカッコよく感じられたのだ。

まっすぐであることがカッコよかった「自尊心の時代」を颯爽と駆け抜け、その時代の終わりを告げるかのように、石原裕次郎は力尽きた。まさに時代に選ばれたヒーローだったのに違いない。

一九五七年には、野球界の永遠のヒーロー長嶋茂雄が、巨人軍に入団している。そのまた五十六年前には、「坂の上の雲」に描かれた秋山真之《さねゆき》が海軍少佐に就任。同じ頃、フランスでは若きココ・シャネルが帽子デザイナーとして、名を馳《は》せている。どうも、この年周りは、「後に伝説となる人材」が浮上する機運を呈しているようなのだ。

「自尊心の時代」の幕開け前後の何年間かは、狭く「伝説創生期」あるいは「ヒーローの時代」と呼んでもいいのかもしれない。

ちなみに、長嶋茂雄のちょうど五十六歳年下に当たるのが、石川遼と菊池雄星だ。楽天の田中将大《まさひろ》投手や、浅田真央も同世代と見ていい。

伝説創生期、時代に選ばれるのは、「自分がどう見られるか」などを気にしない、まっすぐなヒーローたちである。

彼らが、自分を被害者にすることはありえない。長嶋茂雄や石原裕次郎が、「ひどいよ。俺はちゃんとやったのに」などと愚痴る姿は想像できない。自分に起こった個人的な不幸を、まるで世界の不幸のようにデフォルメして、「世界の真ん中で愛を叫ぶ」とも思えない。二〇一三年、時代に選ばれるのは、与えられた使命を淡々と受け入れて、凛々しく輝く者のみだ。それができれば、スポーツや芸能のスターでなくても、さまざまな場所に伝説は創られる。

しかも、伝説を創るのに、年齢も性別も関係ないらしい。二期前の伝説創生期（百十二年前）に社交界に飛び込んで、やがて世界のシャネルブランドを創生したココ・シャネルは、いったんは引退したものの前期の伝説創生期（五十六年前）に再デビューを果たしているのだが、このときシャネルは、なんと七十二歳。一九五五年に発表した伝説のシャネルスーツは、キャリアウーマン憧れの的となり、今も燦然《さんぜん》と輝いている。

しかも、今期、彼女は、映画や書籍で再々度世界中の注目を浴びている。二〇〇九～二〇一〇年にかけて、シャネルの人生を描いた映画が三本封切られたのだ。こうなると、生きているかどうかさえ関係ないらしい。そういえば、一九五七年に革命軍司令官に就任したチェ・ゲバラも、最近になって二本の映画が封切られ、石原裕次郎にも大伽藍《だいがらん》を構築する大規模法要が行われた。二〇〇九年末には、二人の英雄（秋山兄弟）を描いた「坂の上の雲」もやっとドラマ化がかなった。まさに、ヒーローを称《たた》えたい時代の風が吹いている。亡《な》きヒーローたちにさえも再び光があてられるくらいに。


さぁ、五十六年に一度の伝説になるチャンスがやってきた。

時代の「べたつき」をいち早く脱ぎ捨てて、凛々しいヒーローになってください。

「愛され服」だの男女脳だの言っている場合じゃないような気がする（私が言うのもなんだけど）。

Vol.22 脳の人生学

人生で一番頭が良いのはいつか、ご存じだろうか。

実は、五十代の半ば以降なのだ。ヒトの脳のありようから見れば、人生のピークは意外にも遅くにやってくる。

五十代半ば、ヒトの脳は、連想記憶力を最大にする。これは、ものごとの本質や、人の資質を見抜く力である。

孔子は、自らの人生を省みて、「五十而知天命」と語ったと、論語にはある。これはまさに、連想記憶力が最大に活性化したときの、脳の持ち主の実感そのものだ。

五十代半ばの脳は、平たく言えば、「世の中の十の事象のうち、二しか見えない」脳なのである。しかし、その二が、その脳にとって、最も必要な、エクセレントな二なのだ。余計なものが見えないので、迷いがない。ものごとの本質が面白いように見え、自らの資質を知る。我がなぜ、ここにいるかを悟る。脳が真にその状態になるのは、五十代の半ばを待たなければならない。孔子でさえ、そうなのだ。人生は急ぐことはない。

また、この能力は、戦略力にも寄与するらしい。将棋の米長《よねなが》名人は、「二十代のときには、何十手も何百手も先が読めた。五十代になるとそんなわけにはいかないが、なぜか二十代よりも強い」と語ったそうである。本質を素早く見抜くというのは、戦略の核なのであろう。そういう意味では、事業戦略の真髄を知るのも、五十代の半ば以降なのに違いない。まぁ、それが見えないからこそ、三十代は、北米系経済学のうんちくを語りたがるのかもね。

ちなみに、脳生理学的には、この年代は、小さな梗塞《こうそく》が始まったりしているので、MRIで撮った写真は、やや老化したように見えて心もとないかもしれない。けれど、「本質の二しか見えない」ようになるには、こういう小さな梗塞だって役に立っているのである。脳機能論の立場から云《い》えば、年を重ねることをなんら恐れることはない。ただ、若い時と同じではない、と知っておけばいいだけだ。「十のうち、十を網羅して稼ぐこと」は、若い世代に任せればいい。

では、それまでの脳は、どんな使命を帯びているのだろうか。

脳の記憶力には、単純記憶力と連想記憶力の二種類がある。一般に「記憶力」といえば、単純記憶力をさす。この単純記憶力が最大に働くのは十五歳から二十代終盤まで。たくさんの情報を素早く仕入れて、長くキープする力＝単純記憶力は、いかにも頭脳明晰《めいせき》に見えるので、「人生の知力のピークは二十代」だと思っている人も多いようだが、それは早計だ。

ちなみに、幼少期にも、脳を「優秀な単純記憶脳」として使うこともできるが、それは幼少期の脳の使命ではない。無理矢理これをすると「十で神童、二十歳《はたち》過ぎたらただの人」になってしまうことが多いのでご注意を。

単純記憶力は、単なる知識だけではなく、多くの経験を脳に取り込むための機能でもある。さらに、この年代は、生殖ホルモンが動物的な直感力を研ぎ澄ましてもいるので、「数多くの経験から、コツをつかむ力」が最大に働く。すなわち、十五歳から二十代終盤までの脳は、「世の中の十の事象すべてをつかむ力」を手にすることを使命としているのだ。

だから、単純記憶力で生きているうちは、人生の基礎工事をしているに過ぎない。まだ脳の方向性さえ決まらない。自分が何者ともわからないはずである。「四の五の言わずに、与えられたことを死に物狂いでこなすとき」であり、また、それが出来るときでもある。「微分積分が、人生の何の役に立つんだろう」とか「この仕事は、私に合っているのだろうか」など、考える余裕も権利もない。

単純記憶力が翳《かげ》りを見せ始める二十代後半、脳はやっと狂ったような情報収集を止め、クールダウンする。すると、脳の持ち主は、周囲が見え、社会的自我が立つ。

そう考えると、孔子はすごい。「吾十有五而志于学 三十而立」、すなわち、単純記憶力がピークを迎えた十五歳で学問を志し、そのピーク期をがむしゃらに学び、単純記憶力が翳りを見せる二十代の終わりに、社会的自我が立ったことになる。

孔子とは、自らの脳の進化や成熟に対し、非常に自然に生き、しかも素直にことばにした人なのではあるまいか。その自然さにおいて突出しているのであって、特殊な天才というわけではないのかもしれない。だからこそ、二五〇〇年経《た》っても人々をうならせる、人生の普遍の真実を解き明かしてくれるのだろう。

ちなみに、ごく普通の現代人は、単純記憶力の翳りを、「最近、恋にも仕事にもがむしゃらになれなくなったなぁ。先も見えてきた感じがあるしぃ」という感覚で自覚するようである。

さて、その孔子は、「四十而不惑」とおっしゃった。私は、何十年かぶりにこの文言に触れて、にんまりしてしまった。孔子でさえ、三十代は諸事に惑わされたのだなぁと思って。

三十代は、混沌《こんとん》の時期である。単純記憶力はピークを過ぎ、連想記憶力のピークには程遠い。若い頃のようにはがむしゃらになれず、かといって、発想力が意外に乏しい。二十代のように無防備にオレサマにはなれないし、五十代の自信には気圧《けお》される。職場の期待も、家族への責任も重くなるばかり。内心脅《おび》えながら、虚勢を張って生きていかなければならない。だから、客観的な評価を頼りに、もがくしかない。

しかし、これも、脳の生理状態が生み出した「人類共通の事態」なのである。

三十代の脳は、「十の事象のうち、十すべてが、同じような重みで見える」脳だ。だから選択時に迷うし、選択した後もまだ惑う。ベテランになろうとしているのに、これが自分の天職なのだろうかと惑い、結婚しても「この人でよかったのだろうか」とまた惑う。惑ったせいで余分な痛い思いをする。

しかし、この痛い思いこそが、五十代の「必要な二を見抜く力」を作る大事なエクササイズなのである。たまさか時代の寵児《ちょうじ》になり、三十代にぶいぶい云わせてしまうと、五十代に本質の見えない悲しい事態に陥ることもある。同世代が天命を知る中、自分の生きてきた意味を見失い、人生が空虚になってしまった元有名人も何人か浮かばないだろうか。

今、この本を読んでいらっしゃる方の中に、痛い思いばかりの苦しい三十代を生きている方がいたら、あなた自身の脳のために、どうか喜んでください。そこに、必ず、明日の真実があります。

混沌の三十代の終盤、四十歳直前になると、誰の脳にも、めでたく〝物忘れ〟が始まる。これが、意外にも、脳の大事な進化なのである。

脳は、単純記憶力を連想記憶力にシフトしていくに当たり、余分な記憶をリリースする。忘れてもさほど人生に影響を与えない、映画俳優の名まえとか、あまり使わない慣用句などを忘れてしまうのだ。これは老化ではないので、安心してほしい。この物忘れが始まると、余計なものに翻弄《ほんろう》されないので、人は惑わされなくなるのだから。孔子にも、きっと、不惑間際《まぎわ》に、物忘れが始まっていたに違いない。

四十代は、「十のうち十」を見ていた脳が、その数を減らしていく行程だ。このため、年齢を重ねるほどに生きやすくなり、まだ体力もあるので、働き盛りを実感する年代でもある。

そうして、五十代に入れば、本質を見抜く状態に至る。しかしながら脳機能論から言えば「自分の本質」を知るにすぎないので、まだまだ青い、と言えるかもしれない。

　孔子によれば、六十代は「六十而耳順《みみしたがう》」。すなわち、六十代になって初めて、人の言うことがすとんと腹に落ちるようになった、という意味だそうだ。六十代になれば、「他者の本質」も見抜くのである。おそらく、路地に咲く野花にも、赤ん坊の笑顔にもなんらかの真髄を見て、「宇宙の本質」も知るのに違いない。そう言えば、昔の日本のおばあちゃんは、道ばたの花と話していたっけ。

　さらに七十代は、「七十而従心所欲不踰矩」。心の欲するところに従いて、矩《のり》を超えず。すなわち、無邪気にふるまっても、道を間違わないのである。人生達人の域に達して、ますます面白いはずである。

　脳は、死ぬまで進化と成熟をし続けている。ネガティブに思えることも、次のさらなる飛躍への準備ということもある。私は、だから脳のアンチエイジングには興味がない。自らの脳に身を任せ、ゆったり楽しく、人生を味わおうと思っている。

Vol.23 女の道

前章では、脳科学の立場から見る人生学を論じた。

ヒトの脳は、がむしゃらな十代後半～二十代、社会が見えてくるからこそ混迷を極める三十代、物忘れの四十代を経て、本質を知る五十代に至る。この脳の成熟の過程は、孔子の「吾十有五而志于学 三十而立 四十而不惑 五十而知天命」に語られていて、興味深い。

二〇一〇年、六年ぶりに再始動して新曲をリリースした楽曲グループ「安全地帯」は、メンバー全員が五十代になった。彼らは、再始動にあたり「五十代に入って、やっと、安全地帯がどうあるべきなのかがわかった」と述べている。

紀元前五〇〇年の孔子から、二〇一〇年の安全地帯まで。人生学の目線では、人類は、同じことを繰り返している。先達が、試行錯誤の末にどんなに素晴らしい格言を残しても、人はやっぱり同じように我欲に走ったり惑ったりしながら、五十にして天命を知る、のであろう。二五〇〇年たっても、その時間を短縮できていないことを思うと、悲しいような、愛《いと》しいような気分になる。

さて、今回は、孔子も語らなかった、女性脳の人生学について述べようと思う。もちろん、女性脳も、これまでに述べたような脳の進化は、孔子同様にたどる。しかし、女の人生は、孔子ほど単純ではないのだ。

ヒトの脳は、「三十而立 四十而不惑 五十而知天命」とは別に、生殖の使命も担《にな》っている。

動物はすべからく、他個体の体臭（フェロモン）から、その個体の遺伝子情報を感知しており、「生殖相性のいい遺伝子を持つ異性」を嗅《か》ぎ当てると、発情する。世間一般にいう恋である。

フェロモンを嗅ぎ分けるセンサーは、生殖リスクの高い種ほど感度が高い。一生に一度しかつがわない昆虫などは、数ｋｍも離れた相性のいい異性に向かって、一直線に飛んでくるとさえ言われているくらいだ。

生殖リスクに著しく性差のある哺乳類《ほにゅうるい》の場合は、当然、メスのほうが圧倒的に感度がいい。だから、若い女性から見ると、この世は、希少な「うっとりする男子」と、膨大な「気軽に触ってほしくない男子」によって構成されているのである。

女性たちのフェロモンセンサーの感度のピークは二十五歳といわれる。女性は、視覚や味覚など、他の感覚器の感度も二十五歳にピークを迎える。理由は、二十代が最も出産に適した年齢だからだ。出産の最適齢期に、全身のセンサーの感度を最高にして、最も相性のいい異性とつがえるようにする。いくら平成の女子が若づくりであろうとも、この点については孔子の時代と変わらない。

だから、二十代半ばの恋に、女は「運命」を感じるのだ。実際に、脳が、何千人何万人に一人を選びだしているのだもの。その稀有感《けうかん》は、「いく世もの輪廻《りんね》を超えて出《で》逢《あ》った」ような感じなのである。

さて、未生殖のまま三十歳を過ぎると、フェロモンセンサーは鈍り始める。ここまで生殖できないとなると、今いる環境で、センサーを最高感度にしておくのは危ないと踏んで、脳は戦略を変えるのである。取捨選択をゆるくして、激しい恋には落ちない代わりに、我慢できない異性の数も減らしていく。

だから、女性は、賢く生きなければならない。恋の適齢期二十代は、仕事の「がむしゃら」期とも一致する。どちらも捨てがたいのなら、生殖はやや遅めにすればいい。ただ、そのとき、「運命の恋」を結婚の必要条件に設定していては危ないのである。相手が望んでくれるなら、ぴんとこなくても謙虚につながってみるくらいの覚悟が必要だ。恋は、生殖機能が衰えてくれば、またできる。

女には、女だけに用意された本能の描く道がある。ビジネスの成熟は、まさに孔子型の人生道で測れるのだが、女のしあわせのほうは、この本能の道にしたがわなければならない。仕事も恋もあきらめないでいい現代女性は、この二つの道をうまく交差させるという難しい人生を生きている。自由度が高ければ高いなりに悩みが深い。二十一世紀に至っても、女の道はなぜ険し、である。

Vol.24　女の一押し

女性脳は、右脳（感じる領域）と左脳（思考の領域）の連携が男性脳に比べて遥《はる》かに密なため、嘘《うそ》も見抜くし、直感も感じやすい。……とは、以前にも述べたと思う。特に、「想念」を、自らの身体性になぞらえて、深く腹に落とすスピードは、男性脳の想像を絶する。

何が言いたいかというと、女性は、「これしかない」という〝一押しの提案〟が浮かびやすいのである。男性は、それを「短絡的だ」と思いがちなのだが、それは早計である。

たとえば、新婚の妻が、リビングのソファを選ぶとき。

彼女は、このソファに座るさまざまなシーンを思い浮かべる。座り心地はもとより、寝そべって新聞を読むときの肌触り、夫婦で寄り添うときのゆったり感、お客様を迎えて座らせるときの誇らしさ、いつか生まれる赤ちゃんを抱いて座るときの安心感、その子がこのソファで遊ぶときの安全性。もちろん、日常の手入れのしやすさ、引越しの多い家族なら運びやすさまで。そして、雨の日、晴れの日、朝日の中、穏やかな夜の間接照明の中、このソファがどんなふうに見えて、どんな存在感を放つのか……。

それだけの「身体性の確認」を、そのソファが目に留まってから近づくまでのわずかな時間に、半分無意識のうちに、ほぼ済ませているのである。正確に言えば、二十代の新妻の情報量はこれよりやや劣る。しかし、付き添いの五十代の母親の方は、これくらいは瞬時にやってのけている。

したがって、女が「これにするわ」と宣言するとき、その選択に使った時間がほんのわずかだったとしても、一生分の「身体性の確認」を終えていると思った方がいい。

男は、その決断を、まずは受け止めてほしい。そのうえで、「あのリビングにこれを入れたら、テレビまでの距離が異様に近くなるよ」などと、優しく諭してほしいものである。言下に、「きみは、ホントに考えるってことをしないね」と言い放つのだけはやめてほしい。

そんなひどいことを言わない男子でも、「ちゃんと他のも見てから決めようよ」と言いがちだ。よくあるアドバイスだし、当たり前だと思っているでしょう？　しかし、その提案こそが、女ごころを、びっくりするくらいがっかりさせているのをご存知だろうか。

感じる天才・女性脳は、比較検討をする前に、かなりの感性情報を収集している。ブツが並んでいる中から、一つだけに強く惹《ひ》かれた場合、無意識のうちに、ちゃんと他を捨てているのである。値段も素早く見ているし、キャッチコピーも見逃していない。

女は別れた恋に未練を残さないとよく言われるが、いったん捨てた選択肢も同様。触れてほしくもないのだ。もちろん、「これしかない」がない場合には、女性だって合理的な比較検討もするのだが。

というわけで、営業マンにアドバイスである。女性のお客様が「これが欲しい」とおっしゃった場合、「今ですと、こういう商品もありますが」などと、いきなり情報を広げるのは止《や》めた方がいい。その商品の何に惹かれたのかをお聞きしたうえで、「それでしたら、こちらの方がさらに……」という誘導が効果的だ。

また、女たちは、一押し提案が出来ない相手を「鈍感な人」と感じる傾向もある。女性上司や女性顧客への提案では、「あなたの一押しはどれ？」と聞かれたら、即座に答えられるようにしておこう。「ですから、これはこういう利点が、あれにはこういう利点が……」などと言っていると「この人、使えない」と思われる。

デートでも、「僕のお薦めはこれ」と言えないと、いきなりマイナス点がつく。気をつけて。

好感度を上げたかったら、「何食べる？」と尋ねずに、「イタリアンはどう？　きみに食べさせたい窯《かま》焼きピッツァがあるんだけど」「一押しのつけ麺《めん》、見つけたんだ。行こうよ」などと提案すべき。しかも、女性脳の構造上、事前に提案しておく方がずっと効果的である。

というのも、女性脳は「過去を反復する癖のある脳」。このおかげで、「きみに食べさせたいピッツァがある」ということばを、デートまでに何度も思い出して、いい気分になっていてくれるのだ。少なくとも一週間前からイタリアンにはいかないし、洋服もそれなりに考える。こうして、デートの始まる前に、自分自身で、かなり気分を盛り上げてくれるのである。なので、デートの最初の、会った瞬間に、もう七十％くらいの満足度に至っている。

この予告作戦には、副次効果もある。「楽しみにしている期間」には、相手からの電話やメールの回数が少なくても気にならないのである。忙しい男子ほど、手を抜かない「予告デート」で楽をしてほしい。

また、こうアドバイスすると、「そこまで期待させてしまうと、実際に口に合わなかったり、デートが延期になっちゃったときが恐ろしい」という男子がいるけれど、それは、ぜんぜん大丈夫。「時間軸の積分で情緒を紡《つむ》ぐ」女性脳にとっては、結果はどうであれ、楽しみにした時間は消えないのである。「仕事が忙しいんじゃしょうがないよ。また、この次にね〜」とか、温かくも軽やかな答えが返ってくるはずだ。万が一、そうじゃなかったとしたら、やや感情コントロール上の問題があるので、早い時期に分かって良かったとすべきじゃないかしら。

さて、女性にもアドバイスがある。直感が降りてきにくい男性脳は、「これしかない」という一押し提案に強い不安を感じる。ちゃんと比較検討して、「これしかない」に辿《たど》り着きたいのである。

家の中のものを買うのなら、女の言い分を押し通してもかまわないけど、ビジネスシーンでそれをすると、能力を不当に低く見られるので気をつけてほしい。

渾身《こんしん》の一押しが閃《ひらめ》きやすい女性脳は、顧客の気持ちを臨場感たっぷりに想起して、「あ〜、これしかない！」に一気にたどりつくことがある。そうすると、他の候補の説明をするのもばかばかしいと感じてしまい、「当然、これしかない」というふうに提案を押してしまいがちなのだ。社内案件などでは、ときには提案や相談を省いて、「当然の帰結」として遂行してしまうことさえある。

しかし、閃きそのものが少ないビジネスシーンでの男性脳は、この確信の根拠がわからない。このため、これらの行為を「ゴリ押し」や「決めつけ」「思いこみ」ととらえてしまうのである。

したがって、男性向けの提案書では、一押しがあっても、〝見せ提案〟を添えて複数の候補を挙げることだ。また、何らかの数値を添えて、表やマップで比較検討をしておいてあげるとさらに安心する。

女性脳から見たら、「新商品に対する未来の顧客感性を測るのに、過去の実績をいくら数値にしても意味がない」と思えることでも、それでいいのである。〝複数提案&数値添え〟は、男性脳を安心させる。それが大事なのだ。これは、いわば、通信プロトコルのようなもの。コンピュータとネットは、最初のやりとりがお約束通りでないと、通信が成立しない。男性脳とは、〝渾身の一押し〟では、通信そのものが始まらないのだ。

とはいえ、女性の中には「複数提案じゃ、私の気持ちが伝わらない」と、心配になる方もいらっしゃるだろうか。それもほとんどの場合は大丈夫。〝通信〟が成立して、安心しさえすれば、こちらの提案がスムーズに通ることが多い。

けれど、〝通信〟そのものが成立しないのでは、そもそも何も始まらない。しかも、安心できないから、「きみは、感情的だ」などと言われて、評価が低くなってしまうのである。

働く女性の皆さん、ここを理解しておくのと、そうでないのとでは、主任以上の道の険しさがまったく違う。この本は捨てても、このことだけは忘れないで。

とはいえ、悲しいことに、デキる女が心底うんざりするのは、「当然の帰結」に、さまざまな「捨てた別解」をくっつけて説明しなきゃいけないとき。それが続くと、周囲が馬鹿《ばか》に見え、モチベーションが劇的に落ちる。学会や経営ボードに女性が少ないのは、これも原因の一つだと私は見ている。

女性は、客観評価ができないのではなく、客観評価に興味がないので、それに付き合うのにうんざりするのである。客観評価にしか意味を見いだせない学会や、数字がすべての経営ボードに参加していると、どうにも人生時間を無駄遣いしている気がしてくる。もっと別に大事なことがあるような気がして、虚《むな》しくなってしまうのだ。

まぁ、学会なんか、ある意味それでいいけど（新発見なんか学会の外で起こるものだからね）、経営ボードは、「顧客の五感を自分のことのように想起する、直感力の持ち主」を排除する構造では、危ないのではないだろうか。

社会的決断に検証は不可欠だが、運営に、もう少し直感を尊ぶフェーズを作らないと、組織のしなやかな発展は難しい。数字の後ろには、必ず、顧客の感動や笑顔があるのだから。それを持ち込む隙《すき》を作らないと、大きな牙城《がじょう》が、一気に崩れることだってある。

組織に「いい隙」がなければ、ちゃんとした品格ある大人の女性が、のびやかに活躍することはかなわない。逆に言えば、そういう女性が存在するならば、その組織には、「いい隙」がある、ということにもなる。

経営ボードに女性を迎えることの意義は、ここにある、と私は思っている。女性脳が、そこそこに瑞々《みずみず》しい意見を言う隙がある経営陣であること。言い方は悪いけれど、「毒ガス発生の恐れのあるエリアに連れていくカナリア」のようなもの……? ちゃんとした大人の女性が、のびやかに瑞々しく活躍する場を運営することは、男性の発想力も喚起して、企業の伸びしろを作ることになる。社会的な言い訳のためじゃなく、どうか、本質的な企業存続のために、品格のある女性エグゼクティブを育ててください。

Vol.25　「人生」の手に入れ方

この春、高校を卒業する息子の進路が決まらなかった。

ものごころついた頃から、なににつけスロースターターの彼は、受験の追い込みに、すっかり間に合わなかったのだ。戦略は悪くなかったけれど、なにせ戦略遂行の時間が足りない……！という最後の三か月だった。

道半ばなのはわかっているので、家族に「残念」ということばはなかった。爽《さわ》やかな「やっぱり」である。

私自身は、重ねて、ほっとした。あれしきの受験勉強で受かってしまったら、彼は、母校も人生もなめてしまうだろう。若者の目標は、はるか遠く、燦然《さんぜん》と輝いていなければ意味がない。

思い返してみれば、浪人して、足掛け二年をかけて奈良女子大学に入った私は、母校が大好きである。春爛漫《らんまん》の古都で、念願の一人暮らしを始めたときの嬉《うれ》しさは格別で、今でも、ときどき夢に見るほどだ。

夢の中で、十九歳の私は、誇らしさで胸をいっぱいにして、春の日射《ひざ》しの中を歩いている。あらゆる可能性と自由を手に入れたと思っている。きっと、三十年余前のあの瞬間、私は心底そう感じていたのだろう。目が覚めると一気に五十歳なのだが、これもなかなか悪くない。十九歳の私が想像したあらゆる可能性の中でも、悪くない部類の未来を手に入れているもの。

しかし、すんなり合格組の優秀なクラスメートたちは、とってもクールだった。「こんな大学に、どうしてわざわざ浪人して入ったの?」と本当に不思議そうに聞かれたくらいである。

私は、「十九歳の春」の夢を見る度に、ふと、思うのである。彼女たちは、五十歳の春に、どんな夢を見ているのだろうか、と。

〝誇り〟は、おそらく、他人の評価がつくってくれるものじゃない。自分が「不安と苦悩と創意工夫の果てに手に入れたこと」で、自噴するのである。最難関校を目指す人から見れば、私の母校の偏差値はたいしたことないし、華々しい卒業生も少ない。けれど、私自身は、どんな母校とも交換したいとは思わない。

思い返してみれば、私が人生で手にした、いくつかの誇り(たとえば、初期のコンピュータ・エンジニアとしての誇りとか）は、苦節の果てに手にしたものばかりである。他人がうらやむようなことでもないのに、美しい琥珀《こはく》のように、私の中にある。しかも、それは、現実に私を支えていてくれるのだ。何の関係のないところでも（インフルエンザの注射を受ける瞬間とかにも）、「私は、8ビットのパソコンを操ったエンジニアよ。なんにも怖くないんだから」と、自分に言い聞かすことも出来る。

けれど、それ以上のものを、すんなりと手にしていった優秀な友人たちは、意外にもあっさりとそれを手放し、人生を退屈がっている。

ヒトの脳の感性とは、まことに度し難い。主観と客観が縒《よ》り合わさるようにして、自己実現感をつくっている。それは、他人から見たら何でもない誇りに支えられるかと思えば、人もうらやむ境遇にいても、虚しかったりする。

してみると、辛《つら》いとは、幸いなことである。人生の誇りは、辛いことを乗り越えた数だけあるのだから。

何を手に入れるかじゃなく、いかに苦労して手に入れるかに、人生の秘密があったなんて……あー、だから、「若いときの苦労は、買ってでもしろ」というのね！

五十歳ともなると、この世の秘密が解けて、なかなかに面白い。だから、それをなんとか若い人たちにことばにして伝えようとするのだが、若いうちは、どうせ、まったく響かないのだろうなぁ。

そうはいっても、何を手にしたかが重要だし、すんなり手にした方がいいに決まってる。そんな若い世代のつぶやきが聞こえてくるようだ。私自身がそうだったように。息子も、私の「不合格でよかったと、ハハは思ってるよ」に、全面的には賛成しにくいようだが、「十九の春」を何とかしようとは思っているようだ。

振り返ってみれば、私たち夫婦の結婚生活は、少しスムーズに始まりすぎたのかも。もう少し苦節の日々があったなら、結婚こそが互いの人生の誇りに……、ああ、これは別だった。恋のメカニズムは、まったく別の脳の機構によって動かされているのだった（微笑）。

Vol.26 真の夫婦の対話

八十を過ぎて、離婚を口にする夫がいる。

聞けば、妻の口の利《き》き方が気に入らないのだという。夫を立てるべきところで立てない、優しくすべきところで優しくない。あなたはまだ若いので、わからないかもしれないが、年を取ってくると、そういうことが我慢ならないのだ、と。

たしかにそうかもしれない。先日、テレビ番組でご一緒した武田《たけだ》鉄矢さんも、多くの喧嘩《けんか》が「その口の利き方はなんだ」というところから始まる、とおっしゃっていた。熟考して紡ぎ出したことばより、ふと出たことばにこそ、その人の心根が現れる。たかがことば、されどことば、である。私は語感（脳とことばの関係）の研究者なので、そのことは、よくわかる。

一方で、長く男女脳を見つめてきた者として、わかることもある。脳の機能が対極にある男女の間では、良かれと思って口にしたことが、ことごとく裏目に出る。夫婦の間の口の利き方なんて、その真意を探って恨んだり、絶望するに当たらない。

相手の口の利き方に絶望する年代は、男女で大きく違っている。妻が夫に優しいことばや労《ねぎら》いを期待するのは、妊娠・出産・育児の最中である。文字通り命がけで夫の遺伝子を残す妻たちは、命がけで夫の優しさを希求する。で、大抵の場合、裏切られる。もちろん、夫が悪いわけじゃない、脳の言語機能が大きく違い、「ことばの紡ぎ方」が違うからだ。

つまり、妻のほうは、三十代のうちに、夫の口の利き方にいったん絶望し、そこから夫婦関係を再構築しているのである。幸いまだ若いし、社会ともつながっているし、心も身体《からだ》もタフである。よっぽどのことなら離婚して人生をやり直すこともできるしね。

けれど、多くの場合、他の男と人生をやり直しても、おそらく、同じようなことになることをうすうす悟っている。子どもを胎内に身ごもる女性には、理屈でなく、わかることがあるのだ。いのちが違えば、魂の波動のようなものが違う。妊娠は、とても素敵な出来事だけど、一方で、「自分のそれとは違う、いのちの波動に、身体を乗っ取られる」出来事でもあるからね。

子どもの波動は、自分とは違う。しかし、どこかで深くつながって響き合っているのがわかる。でも、夫とは、そのいのちの波動のようなものに、大きな隔たりを感じるのである。脳科学上は、当たり前のことだ。生体反応の種類を決める免疫《めんえき》抗体の型が、子どもとは半分一緒なのに、夫とは遠く離れて一致しないのだから。その実感を、女たちは、こう表現する。「子どもとは血がつながっているけど、夫とは他人だからね」

一見、冷たいことばのようだけれど、この達観こそが、家族関係の基盤になる。事実上、生殖行為に至る男女が細胞レベルで異質であることは免れない。だとしたら、「夫婦は一心同体」と思い込んで、期待と違うことにいちいち傷ついて恨まれるより、ずっと健全である。

一方、夫が妻に優しいことばや労いを期待するのは、定年退職後、旅や趣味を楽しむ期間が一段落して、身体の自由が利かなくなってきてから。〝外遊び〟に興じていた男たちは、家族というシェルターなしには暮らせなくなったとき、初めて、「もの言わぬ赤ん坊に翻弄《ほんろう》されて、家というシェルターから外に出られない妻」と同じ場所に立つのである。

そこには、四十年ほどの時間の隔たりがある。「優しいことばを期待して絶望する」なんていうことは、妻のほうははるか昔にクリアしてきたことなので、「何を今さら」と思えてならない。優しいことばをもらえない夫たちは、気の毒だけど、四十年前のツケを払っているのである。

でもね、妻の方にも、理解してほしい。心身ともにタフな時代にそれを済ませる妻に較《くら》べて、老齢の夫のそれはかなり不利である。同じ閉塞感《へいそくかん》でも、赤ん坊はこれから大きくなるのだが、熟年夫婦には「未来」という風穴がないのだもの。同情の余地はある。

それとね、男性の方にも苦言がある。完全主義に陥りがちな男性脳は、「十のうち一つだけでもダメ」だと、全部を投げ出す癖がある。妻の一回の冷たいことばの裏には、九回の優しいことばがあることも多い。年を取ったら、「欠けたこと」を数えないで、あることを数える癖をつけなくちゃ。

三十代の妻の絶望と、八十代の夫の絶望。ここを共に乗り越えられたとき、真の夫婦の対話が成立するのかもしれない。

Vol. 27　熟年離婚の心得

結婚四十年を超えた知人のご夫婦が、離婚をなさるそうである。

二人とも教養があり、人生の楽しみ方も知っている。一〇〇の要素のうち九十九までは相性のいい夫婦である。しかし、たった一点だけ、互いに譲れぬ点があるのだ。

それは、妻の「照れて、人前で身内をけなしてしまう」という可愛《かわい》い癖に端を発している。

たとえば「立派な息子さんですね」と褒められれば、「おっそろしいくらいに身体ばっかり大きくなって」と威勢よく言って、顔をしかめる。ときには、「ちっとも気が利かないから、彼女もできなくて」と〝尾ひれ〟がつくこともある。たまにはそれが、延々と続く愚痴に発展することもある。

私は女だからわかるけれど、それは、身内に対する深い愛情のなせるわざだ。自分のことを褒められて、「とんでもない、めっそうもない」とどん引きしてしまうのと変わらない。家族を自分の一部のように思っているからこそ、家族をけなしてしまう。

人前でしゃべっている夫のことばを、「何言ってるの、いやだわ、この人」と否定することも、夫との一体感があるからこそ……古き良き日本人の、含羞《がんしゅう》の一部なのだ。

この妻は、照れ屋さんなので、それが人よりちょっと強く出る。夫の方は、経営トップに上り詰めた人なので、人前で出鼻をくじかれることに人一倍ストレスを感じる。子どもの教育にも心を砕いてきた夫なので、子どもをけなされることにも傷ついてしまう。

二人の癖は、組合せが違ったら問題にならなかったような、ほんの些細《ささい》なことに過ぎない。それが「わずか」だったからこそ、離婚騒動まで四十年近くもかかってしまったのだもの。

しかし、この夫婦の喧嘩《けんか》の原因は、ほぼすべてがここに集約している。過去の夫婦喧嘩の来歴を聞いてみると、夫のほうは、まるでロボットのスイッチのように正確に、同じポイントで腹を立てているのだ。そして、妻のほうは、ほとんど反射神経のようにやってしまう、愛情ゆえの無邪気な癖を否定されるので、どうにも納得がいかないのである。

そうはいっても、なんとかやってきたこの二人が、些細な言葉づかいで、とことんこじれてしまった。

夫は、妻の「照れ否定」を幾度となく我慢してきたために、あるとき、つい「お前は、いつも否定ばかりだ」と気持ちを漏らしてしまった。

妻のほうは、この「いつも」に傷ついてしまったのである。「あのときも、このときも、優しくうなずいてあげたのに。私たちの四十年には、いいときだってあったはずなのに、こんなことで全否定されてしまうなんて、ひどすぎる」

夫の方は、そういうつもりで言ったわけじゃないので、「そんなことを言った覚えはない」と否定する。妻は、「この人は、いざとなると嘘《うそ》をつく。公明正大なひとだと思ったのに」と解釈する。こうして、とうとう、口の利き方一つをきっかけに、「顔を見るのも嫌、一緒に暮らすのは耐えられない」という事態に至ってしまったのだ。


私は、このご夫婦の言い分を聞いていて、心底勿体《もったい》なくなってしまった。まだまだ使える優秀なメカを、ほんの一か所の断線で捨ててしまうようで。

妻は夫の経済観念を心地よく思い、夫は妻の料理をこよなく愛している。支持する政党も宗教観も一緒だし、意気投合することの数は、反発しあうことの数をはるかにしのぐ。

でも、数じゃないのだろう。日常の九十九に反発しあっても、たった一つの絆《きずな》で別れられない夫婦もいるかと思えば、誰が見てもお似合いの品のいい夫婦が、「たった一つ」が譲れなくて別れる場合もある。

夫婦の縁というのは、つくづく不思議なものである。理論なんかで、離婚を阻止することはできやしない。

というわけで、せめて、脳の感性論の立場から、熟年離婚の心得をお伝えしようと思う。

熟年離婚ほど、離婚の原因をクールに分析して、自分の何が相手を傷つけ、自分が何を譲れなかったのかをしっかり見据えたほうがいい。相手の何が自分を傷つけたか、は、後でゆっくり恨めばいいことだ。

熟年離婚は、ボディブローのように後から効いてくる。たしかに、離婚した直後は、せいせいして重しが取れたような気持ちがするだろう。しかし、やがて、圧倒的な敗北感が襲ってくる。なぜなら、熟年離婚とは、長い人生時間を否定する行為だからだ。先のご夫婦の例で言えば、丸々四十年を否定することになる。ここからは、「四十年間もの人生時間を費やして、とうとう人間関係の達人になれなかった未熟な男と女」にすぎなくなるのである。もちろん、第三者がそう見るのではない。自分の内側から湧《わ》いてくる敗北感だ。だからこそ始末が悪い。

性格の違いを乗り越えていたわり合っている品格のある夫婦に会えば、負けたような情けない気分になる。子どもや孫に人生を語ろうにも、どうにもかっこうがつかない気分になる。

そんなときに、死にたくなったりしないために、「自分はここが譲れなかった。やりようはわかっていたけれど、プライドを尊重して凛々《りり》しく別れたのだ」と自覚しておくことだ。相手の欠点をあげつらうだけでは、脳は、四十年分のプライドを保つのは難しいのである。

というわけで、熟年離婚を決心したら、お互いが譲れなかったポイントと、どうすればうまくやれたかを理解してから、どうか別れてくださいね。多くの場合、それができたら、別れる必要もなくなるはずだけど。

Ｖｏｌ．28　どっちがいいと思う？

女はなぜ、「どっちがいい？」と聞いてきて、こちらが選んだものと逆側を、いそいそと嬉《うれ》しそうに買うのだろうか？

とある勉強会で、銀婚式を迎えたばかりの男性が提示した命題である。すると、そこにいたすべての男性が一斉に同意した。「そうそう、意見を求めるくせに、積極的に採用する気はないんだよな」「しかも、逆側を買う時の方が明らかに嬉しそうなんだよ。あれは、いったい何なんだ」

あらまぁ、である。

こんな女心を知らなかったとは。それは、それは、さぞかし腹立たしかったことでしょう。

この本で何度も言ってきたけれど、女の直感力は、半端《はんぱ》じゃない。脳の感性領域では、買う側を迷うことなんか、あり得ないのである。じゃぁ、なぜ、聞くかって？

それは、思考領域の「買うべきもの」と、感性領域の「買いたいもの」が拮抗《きっこう》してしまったとき。たとえば、夏のバッグ。白かブルーが無難なんだけど、キュートなオレンジがどうしても欲しい。この華やかさ、年齢的にもどうかと思う……けど、欲しい。合わせる洋服だって、難しいわよねぇ……けど、欲しい。

そういうとき、妻は、夫を振り返るのである。「あなたは、どっちがいいと思う？」

このとき、妻の脳は、「たとえ夫が逆側を指さしても、私は、オレンジのバッグが買いたいのだろうか？」という自問の命題に挑戦しているのである。無意識に、だけど。

案の定、問題解決を旨《むね》とする男性脳の持ち主＝夫の回答は、無難である。「夏だから、爽《さわ》やかなブルーがいいんじゃない？」

妻は、先の命題に照らして、それでもオレンジが欲しい、となると、俄然《がぜん》、嬉しくなってしまう。勢いがつくので、いそいそとレジに向かうことになる。

一方、夫が「きれいなオレンジだなぁ、これにしたら？」なんて、言い出したら、どうだろう。

妻は、先の命題に挑戦できないので、肩すかしを食らったことになる。戸惑った挙げ句、「え、でも、派手じゃない？　洋服にも合わせにくいし」と反論しちゃったりする。「いいんじゃない？　きみは、まだいけるよ。お気に入りの黒いワンピースにもジーパンにも合うし」なんて、理想的なアシストワードでもうひと押しされた日には反論もできず、〝仕方なく〟オレンジを持って、レジに向かう羽目になる。

つまり、夫が、自分の決めた側を指さしたら、かえって意気消沈してしまうのが、妻という生き物なのである。迷った時の夫頼み。しかし、それは、夫が自分の気に入ったものと逆側を指さしてくれないと、本来の目的を果たせない。

しかし、よくしたもので、免疫抗体の型が一致しない相手に発情するのが、動物の雄雌。したがって、夫婦たるもの、生体としての咄嗟《とっさ》の反応がま逆になるので、たいていは反対側を選んでくれる。安定して役に立つ、自問解消ロボットなのである。

かくして、夫の「妻は、自分の選んだものの逆側を、なぜか、いそいそと嬉しそうに買う」という嘆きが生まれることになる。でもね、これが出る夫婦は、とてもとても円満なのだ。

だって、夫を愛し、夫の選択眼を信頼していなければ、「たとえ、夫が逆を選んでも、私はこっちを選ぶのだろうか」という命題は成立しないもの。どうでもいいヤツの選択なら、自問の起爆剤にもなりゃしない。

というわけで、世の夫の皆さま、妻にイラッとしたときほど、愛情を確認するとき、なのである。

たとえば、疲れて帰ってきたのに、どうでもいい「今日の出来事」を延々と聞かされるとき。「あれ、これ、それ」と指示代名詞ばかりで、何を言っているかわからないとき。女はこれらを、一体感のない相手には、けっしてしないのだから。

といって、何もしてくれない妻を不安に思うこともない。長い結婚生活の果てに、夫の感性を信頼しきれば（「この人は、絶対に、反対側を指さすに違いない」という確信が生まれれば）、妄想だけで自問自答できるので、実際に聞く必要もなくなるからだ。

イラッとさせるのも愛、無視するのも信頼。夫婦というのは、やはり、なんとも面白い関係である。

Vol.29 妻が恋に落ちたなら

結婚をしたら、もう新しい恋には落ちないものなのだろうか。

……いや、理論上、そんなことはないはず。脳科学的には、神様の前で誓ったからと言って独身時代となんら変わらない脳のままなのだから。でも、こんなに命がけで好きなのに、一緒に暮らしていながら、この気持ちを忘れる日が本当にくるのかしら？

二十六年前、ウェディングドレスを着て、牧師様の前に立った脳科学者（すなわち私ですね）は、そんなことをふと思った。

そうしたら、教えを説いていた牧師様が、こうおっしゃった。「早く親友になりなさい」と。「愛は試練の中にあり、人生には、それを見失ったように見える日もある。そんなときには、友としての信頼で、二人が共に歩けるように」

ああ、やっぱり、愛を見失う日もあるんだなぁ、と、私は悟った。結婚とは「脳科学上の自然な帰結に背いて、二人で、一つの道を歩くと決める」誓約であり、そこには「恋愛の終わり」という試練も含まれるであろうことを納得しながら、私は牧師様の問いかけに「はい、誓います」と返事をしたのだった。

その日から二十六年、私たちは、親友というより、戦友となった。


婚外恋愛は、脳科学上、ごく自然な帰結である。

地球上の生物は、すべからく生殖と死によって、命の環《わ》を紡《つむ》いでいる。このことは、地球が生体細胞を酸化（老化）させる酸素という〝毒〟を持っていることに起因しているそうだが、一方で、生物たちに進化という奇跡をもたらした。

一人の人間が千年を超えて生きるのなら、千年目の朝、その人は、傷つき疲れ果てた身体《からだ》と心で目覚めるであろう。しかし、せいぜい百年足らずの命をつなぐのなら、千年目の朝に目覚めるのは、何十代も先の、意気揚々、前途洋々たる若者である。しかも、進化の果てにあり、数ある遺伝子の組合せの中から、現代の地球環境に最も適した個体たちが目覚めるのである。

この奇跡のようなシステム＝進化は、「生涯に出来るだけ多くの遺伝子バリエーションを残したい」という生物たちの本能によって支えられている。

それは、地球上生命体に与えられた、最も基本の本能で、私たち人類も例外ではない。

というわけで、複数の生殖機会を持つ地球上生命体の脳が、生殖の度に相手を変えたいと切望するのは、ごくごく当然のことなのである。つまり、不倫の恋に落ちたり、配偶者のそれに遭遇することは、脳科学的には、なんら珍しいことではない。

前にも述べたが、生殖リスクの高い哺乳類《ほにゅうるい》のメスは、生殖相手を厳選する。異性の体臭（フェロモン）から遺伝子の情報を嗅《か》ぎとり、何百人・何千人に一人の相手を見つけ出して、深く執着するのである。このため、女の恋は、深い確信と共に訪れる。で、ついうっかり「輪廻の果てに出逢《であ》った、運命の恋」とか、後から考えると「何の魔法にかかっていたのかしら」と思うようなことを口走ってしまうのである。まぁ、確かに、私たちの遺伝子は、何世代もの遺伝子配合の果てにあるので、〝何世代もの前世〟を超えてきた相性であることには間違いないんだけどね。

しかし、脳科学上、この執着は永遠に続くと危ない。残せる遺伝子セットの数が限られてしまうし、万が一生殖に至れない事情にあったときには、生涯の生殖機会そのものを損失してしまうからだ。

というわけで、健全な女性脳は、あるときぎっぱりとスイッチを切る。つまり、たいていの「運命の恋」は、「ほとほと嫌気がさして終わる」ことになっているのだ。それは、脳に仕掛けられた、地球上生命体の宿命である。男の所業（浮気や無神経な発言）は、そのトリガーに過ぎない。

というわけで、女の恋には、浮気というのは案外少なく、「深い確信」→「嫌気」→「次の深い確信」というサイクルを描いていくことになる。

この脳の罠《わな》を上手にやり過ごし、夫婦の絆をなんとか手繰りよせていくには、妻は、「ほとほと嫌気がさした」夫を親友として受け入れ、頼り合い、支え合う生活共同体を構築していくしかないのである。

夫の皆さんに言っておきたい。子育てに疲れた妻のフォローも、家事の手伝いも、とりとめのない話の聞き役も、この道のりのための大事なステップなのである。妻の機嫌を損ねない、一時的な応急策ではないので、心してくださいね。

妻の皆さんに言っておきたい。もしも、激しい婚外恋愛に落ちたとしても、残念ながら、この新たな遺伝子の持ち主にも、やがて「ほとほと嫌になる」日が待ち受けている。

私たちは、生殖期間を超えて長く生きる種である。最後は、恋情とは違うモードで、誰かと寄り添わなくてはならない。つまり、人生は、どこかで、「ほとほと嫌になる」を乗り越えて、親友になる覚悟を決めなくてはならないのだ。それが、最初の夫であっても、いいのではないだろうか。

婚外恋愛は、できればプラトニックに、なんとか賢くやり過ごして、夫と親友になること。そう頑張ってみてほしい。

Vol.30 夫が恋に落ちたなら

女の恋は、深い確信で始まり、同情に行きあたる。
男の恋は、半信半疑で始まり、しみじみとした確信に行きあたる。
夫婦の脳は、人生を共に歩きながら、まったく違う「恋の旅」をしているようである。

前にも書いたように、生殖リスクの高い哺乳類のメスは、遺伝子の相性を厳選して、集中的に発情する。すなわち、女性は、あまたいる異性の中の、遺伝子の相性のいい一人に、一定期間深く執着するようにできているのだ。他の男性など、誰も目に入らない「あばたもえくぼ」の蜜月《みつげつ》期間が、恋の最初に怒濤《どとう》のようにやってくるのが、女性脳の大きな特徴である。

女性は、自分がそうだから、男性にも同じであることを期待する。出逢ってすぐに、「きみは、運命の人だよ。僕たちは、何千年もの輪廻《りんね》を超えて、やっと出逢ったんだ。

本当によく、生まれてきてくれたね」くらいのことを言ってくれても、ぜんぜんOKなのだが、恋の初めにここまでの確信を口に出来る男は、実はそうはいない。おそらく稀代のプレイボーイやサギ師たちは、これを口にするのじゃないかしら。

女性の多くが、恋の立ち上がりに、自分ばかりが空回りしているように感じて嫌になってしまうのを男性陣はご存じだろうか。中には、それが嫌で恋を終える女性もいる。なんとも勿体《もったい》ないことでしょう？ 男たちには、恋の初めに、できるだけ、自分を奮い立たせてもらいたいものである。

さて、恋愛の初めに、かなり集中的に執着するくせに、女性脳は、あるとき「ほとほと嫌気がさした」気分になることがある。一個体に集中し過ぎると、生殖機会や遺伝子の組合せのバリエーションを狭めることになるので、脳が、ときたま、いきなり執着を解除するからだ。

恋人同士なら、ここでケンカ別れして、次の恋に移ればいいのだけど、夫婦となったら、ここをうまくやり過ごして、長い友情関係を築かなければならない。

一方、男の恋は、女のそれほど、深い確信で始まらない。

哺乳類のオスは、長い妊娠授乳期を余儀なくされるメスに比べて、生殖リスクが著しく低い。このため、相手を厳選するよりは、やってきたチャンスを逃さないのが最も合理的な手段となる。つまり、男性脳は、女性脳ほど積極的に異性を嫌わず、「この人しかいない」という確信も起こりにくいのだ。

というわけで、男たちは、恋の確信ではなく、責任感で結婚を決心し、小学生が小学校に通うように、無邪気な責務遂行感で結婚をキープしている。

とはいえ、女性の皆さん、なにもがっかりすることはない。そもそも男性脳は「責任を果たす」という行為が大好きなのだ。しかも、責務を積み重ねた相手に強い愛着を抱く癖がある。たとえば、「会社」がそうでしょう？　やがて、仕事を愛するように、妻に対する愛着を強めていく。時を重ねた果ての、妻を恋うる夫の気持ちときたら、純情で透明で涙が出そうになる。その頃には、妻のほうは、けっこうさばさばした人類愛（同情）に変わっているのだけどね。

さて、異性を積極的に嫌わず、恋の立ち上がりの確信が薄い男性脳が、浮気しやすいのは当然である。

女性の浮気は、今の相手への執着が劇的に切れたところで起こるので、妻は、夫の浮気を同様に見て絶望するのだが、それは違う。夫の妻への執着は、「責務の積み重ねの果てに生まれる愛着心」であって、恋情とはまた別の強いきずなだからだ。

だから、夫の婚外恋愛に、妻と呼ばれる人は、動じることはない。穏やかに、頼りにし続ければいい。やがて、相手の女性にも「ほとほと嫌になる」瞬間が訪れるはずだから。

妻帯者を愛してしまった人は、彼の恋情を純粋に楽しめたらよしとしましょう。妻に対する愛着心と恋情とは別物なので、「恋」というステージで、妻に嫉妬《しっと》することはない。彼の妻になっていたら、いやおうなく戦友にならざるをえないところを、いつまでも憧《あこが》れと切なさを味わうことができる、と、考えればいい。でも、自分の戦友もちゃんと手に入れてね。

妻の執着と夫の責任感から始まった結婚は、妻の同情と夫の愛着へとたどり着く。長い道のりの途中には、妻の「ほとほと嫌気がさした」と、夫の「魔がさした」が訪れることもある。それを何とか乗り越えて、人生の長い旅は続く。脳科学上、どんなに円満そうに見える夫婦でも、この道のりは免れない。

私の旅もまだ半ば、これから、どんな夫婦の秘密を知るのだろう。いずれにせよ、旅の友がいるのは、しあわせなことである。この世のすべての夫婦に幸あれと、心から思う。

プロポーズ・アゲイン

Vol.1　答えようのない質問

女は、答えようのない質問をする生き物である。

……とは、我が人生五十年を振り返って、つくづく思うことである。

「あなたは、なぜ約束を守れないの？」

「忘れてしまったんだよ、忙しくて」

「（いらっ）私は忙しいくらいじゃ、家族との約束を忘れたりしないわ。あなたは、なぜ約束を忘れるのかしら？」

「う～ん、なんとなく、かなぁ」

「（むかっ）あなたって、どうして、そういう人なの？」

「………」

このWhy系の質問は、たいていは積み重ねられていき、後半にいくほど答えにくくなる。

「仕事と私、どっちが大事?」「お義母《かあ》さまと私、どっちが大事なんですか」なんていうWhich系の質問もある。

「そりゃ、きみ、どっちも大事だろう」と優等生の回答をしても褒めてもらえるわけでもなく、「きみだよ」と精一杯のお愛想を言っても「しらじらしい」と一蹴《いっしゅう》される。どう答えても、女の満足のいくようには答えられないような気がする……のではないだろうか。

ところがそうでもないのである。

実は、女の「答えようのない質問」には、たった一つの回答で事足りるのだ。我が家の息子は、母のどんな「答えようのない質問」も、たった一つの回答で、なんのしこりも残さず解決してしまう。

先日も、「あなたは、どうして弁当箱を出さないの」と言ったら、「こんなことで、忙しいハハを煩《わずら》わせてしまって申し訳ない!」と言いつつ弁当箱を持って飛んできた。「あなたは、どうして勉強をしないの?」にも「そんなことで、忙しいハハを……(以下同文)」である。これを言われると、尖《とが》っていた気持ちが削《そ》がれてしまう。キーワードは、「忙しいハハ」であろう。こっちの事情を慮《おもんぱか》った一言が重要なのだ。

あるとき、息子に聞いてみたことがある。「きみはなぜ、上手にあやまってくれるの？」

　息子は、こう答えた。「上手《うま》くやっているつもりはないよ。だって、ハハは傷ついているんだもの。なじる人は、傷ついている、と、おいらは思うから」

　だから、なじられたら、防御（言い訳）の前に、心を開くのだそうだ。したがって、攻撃（逆切れ）はあり得ない、と、彼は言う。

　そうなのか、と、私は少し驚いた。私は傷ついていたのか……気づかなかった。鞄《かばん》に突っ込まれたままの弁当箱にいらだった週は、新潟、栃木、名古屋、岡山、徳島と、遠地出張をすべて日帰りでこなしていた。名古屋↓岡山↓徳島は、その順で移動すれば楽なものを、息子の弁当作りのために東京まで律儀《りちぎ》に日帰りしているのである。私は、だらしない息子に腹を立てたのではなく、それだけの思いと労力を無視されたようで悲しかったのに違いない。

　なじる人は、傷ついている。そう気づくと、口を突いて出ることばも変わってはこないだろうか。家族にも、顧客にも。なによりも、なじる人に、「大切なあなたを傷つけてしまって、申し訳ない」と言えるオトナは、かなりカッコイイではないか。

　三十年近くも脳の感性の研究をしているのに、まだまだ発見することは多い。この世は謎《なぞ》で満ちていて、だから素敵である。

Vol.2 プロポーズ・アゲイン

先日、学校から帰ってきた息子が、「やれやれ」と言いながら、制服のネクタイを解《ほど》いた。運動会の準備で、手の甲にペンキを付けたまま、遅く帰った日のことだ。私は、外の緊張をはらんだまま、私のもとへ帰ってきた男たちが、私の顔を見た直後に、何かがほどけたように「やれやれ」とつぶやくのが大好きである。

同居していた舅《しゅうと》が、この「やれやれ」をなんとも艶《つや》っぽく使う江戸っ子だった。腕のいい職人で、日ごろは工房に入りっきり、お酒もあまり嗜《たしな》まなかったので、外出が苦手だったのかもしれない。たまの会合から帰ってくると、硬い表情のまま、玄関の上がりはなで、ズボンの埃《ほこり》をパンパンと払っていた。それでも、迎えに出た私の顔を見ると、舅は「やれやれ」と言いながら、目尻《めじり》の険を和らげる。その瞬間、私は嬉《うれ》しくて嬉しくて、「この家に嫁に来てよかった」と思うのだった。

それは、何度でも、新鮮に繰り返された。最後の方は、神聖な儀式のようになっていたかもしれない。晩年、身体《からだ》を悪くして入院し、退院したときの「やれやれ」なんて、きっと私のために、頑張って言ってくれていたのだと思う。声を出すのも、辛《つら》かったのだろうに。

その舅が逝《い》ったのは、五年前の冬だった。葬式を終えて帰ってきたときのこと、当時中学一年だった息子が、玄関の上がりはなで、「やれやれ」と言ったのだ。舅にそっくりの口調で、まるで一日喪服で駆け回っていた私をいたわるかのように。それが、息子の「やれやれ」デビューだった。

私は、胸を突かれて、しばし立ちすくんでいた。単なることばだけではない、舅の大人の男の優しさが、「やれやれ」に乗って、彼の孫息子に受け継がれたのである。ことばには、こうして、魂の乗り物として、まるでいのちを継ぐように、継がれていくものもある。

とはいえ、中学生の息子の使う「やれやれ」は、可愛《かわい》いけれど様にはなっていなかった。そのまま長いこと身の丈に合わなかったのが、高校三年生になって、毎日髭《ひげ》を当たるようになったこの春あたりから、やっと、このことばが似合うようになったのである。「やれやれ」は、大人の男に似合うことばなのだなぁと、麦茶をあおる息子の喉仏《のどぼとけ》をみながら、あらためて思う。

あれは、外での責務に我を捨てて取り組んでいる男が、気持ちがほどけて、ふと自分を取り戻したときに、自然に口をついて出る音声なのである。そして、憎からず思う身近な女に、「あんたがいるからさ」と伝えてくれる、いたわりの囁《ささや》きなのだ。この気持ちがあるから、家を守るのが楽しい。嫁の立場でも、母の立場でも。

ちなみに、我が家のオットは、なぜか、この「やれやれ」を言わない。玄関に私が迎えに出ると、なんだかすっと緊張するのである。「頼まれた買い物なんか、今日はなかったよな」とか「何か、気に入らないことでも？」というような目をする。

思えば、私も、家に帰ったときに「やれやれ」という気持ちにはならない。働く主婦は、家には家でやらなければいけない責務が溢《あふ》れていて、つい「戦闘開始！」という気分になってしまうからだろう。

そんな私たちも、行きつけの店で定番のメニューを頼み、おしぼりが出てきたときには、同時に「やれやれ」とつぶやく。

オットが我が家の玄関で、私の顔を見て「やれやれ」と言えたとき、私たちの本当の夫婦の時間が始まるのかもしれない。プロポーズより深いことばだ。となると、「お帰り」と一緒に愚痴を言う私の癖、あれは止《や》めないと駄目だろうなぁ。

Vol.3 愛の魔法

例によって、女（母）の扱いのうまい我が家の息子が、先日またヒットを飛ばしてくれた。

その日の朝一番に送らなきゃいけない原稿と格闘しつつ、弁当と朝ごはんを作っていた私に、「水」「タオル」「靴下」と単語で要求を示す高校生男子。その都度いらっとするものの、つっかかっている暇はなく、やり過ごす。しかし、四度目の「弁当、まだ?」に、とうとう爆発した私が、「あなたさぁ、そういうものが、魔法で出てくると思ってるわけ?」と凄《すご》んだら、こう答えたのである。

「思ってるよ。……愛の魔法でね」

やられた。

鼻の奥あたりで渦巻いていたイラつきは嘘《うそ》のように消え、鼻歌まで出てしまう。本日も、〝愛の魔法〟を使わせていただきます♪って感じだ。

そうして、つくづく思う。女のイラつきなんて、本当に気持ち一つ、ことば一つでなんとかなるのである。

息子は、〝愛の魔法〟を返してもくれる。冷蔵庫の製氷機の水タンクをいつも切らさずに満たしておいてくれる。包丁をいつも切れるように、研《と》いでおいてくれる。オイルスプレー（ピストンで空気を送りこみ圧力をかけてオイル噴射するタイプ）を、しこしこ加圧しておいてくれる。

私は料理の最中に、その仕込みに気づいて、心があったかくなる。

オットの名誉のために言っておくと、もちろんオットもそうである。包丁をそっと研いでくれるのは、数年前までは彼の〝愛の魔法〟だった。義父の代まで職人の家だった我が家では、男は刃物が研げて一人前。息子は、幼い頃から専用の肥後守《ひごのかみ》を与えられて工作に使い、小学生のうちに専用の砥石《といし》を持った。それで包丁を研ぐのを許されたのは、中学生になってからだった。彼は「家族の食事を賄《まかな》う包丁を研ぐ」という役割を、うやうやしく父親から譲られたのだ。

紫蘇《しそ》やバジルやパセリなど、料理に使うハーブを育ててくれるのも、オットの〝愛の魔法〟の一つだろう。食べることが大好きな我が家の〝愛の魔法〟は、多くは食中心に配置されている。

こうして、息子のことばをきっかけに、我が家の〝愛の魔法〟を数え上げたら、けっこうあったのである。

たいして役に立っていないと思っていた我が家のぼんやり猫にだって、家族が弱っているときには、添い寝して、肉球でとんとんしてくれるという凄技がある。

うちは、〝愛の魔法〟で溢れてるねぇ。

その日の夕餉《ゆうげ》のテーブルで、オットと息子にそう言ったら、「まぁ、普通じゃない？」とかわされてしまった。「昨日は、雨が降ったのに洗濯物を入れてくれない、食器を片づけてくれない、優しいことば一つかけてくれない……とか、不満たらたらだったたじゃん」

あ〜、そうだった。「〜してくれる」で数え上げれば、山ほどあるのに、「〜してくれない」で数え上げればまた山ほどある、というのが家族というものなのであろう。

ずっと、〝愛の魔法〟だけで暮らせたらいいのに、と心から思う。それは、暮らしのことばの中から、「〜してくれない」を消すことなのだろう。でもまぁ、こちらも生身の女、なかなかそうはいかないけどね。

しかし、感性の研究者として、一つだけ知っていることがある。〝愛の魔法〟は、互いに仕掛け合うと、楽しくて止められない。なのに、互いに欲しがり出すと、またたく間に枯渇してしまうのである。愛を欲しがる人ほど、愛に飢えてしまう。欲しかったら、「与える」から始めること。改めて、自分にいい聞かした夏の宵だった。

Vol.4　七つの法則

この夏、子どもにさせたい七つのこと。

三か月ほど前、ある雑誌から、そんなテーマの取材を受けた。それらを守らせるコツを、脳科学の立場からアドバイスして欲しいというものだった。いわく、早寝、早起き、お手伝い、適度な外遊び、一日一善など。

夏休みの一日を、こうして過ごす小学生がいたら、たしかに素晴らしいと感心しつつ、「守らせるコツ」に取り組んでみたのだが、まったく考えが浮かばない。何かが違う、何かが……。そう悩みながら、はたと気付いた。

このルールのほとんどは、「健全な子ども脳の持ち主が、勝手にしてしまうこと」なのである。健全な子ども脳の持ち主なら、「一日中家にじっとしていなさい」と言われたって、そうはしていられない。家族に本気で頼りにされていたら、お手伝いだって自主的にちゃんとやる。

たしかにこの「七つのルール」が自然に守れる子は伸びるだろう。でも、「守らせる」のは危険である。健全でない子ども脳の持ち主に、健全な子ども脳の持ち主が自然にしてしまうことを強要することは、本末転倒、逆効果だからだ。強要された子は、かなりのストレスを抱えることになる。

健全な脳は、健全な睡眠が作ると言っても過言ではない。ヒトの脳が良くなるのは、脳の持ち主が寝ている間だからだ。記憶と認識を司《つかさど》る海馬《かいば》という器官が、脳の持ち主が寝ると、昼間の出来事を何度も再生して確かめ、せっせと知識や知恵を創出しているのである。これは、おとなになってもそうで、成功者の多くが「発想が浮かばないときは、寝るに限る」と言っている。「すると、明け方、答えが降りてくる」と。ましてや、成長期の子ども脳である。眠りの質が、脳の出来に大きく関わってしまうのは明らかだ。

健全な睡眠に欠かせないのは、二つの脳内ホルモンである。夜十時〜深夜二時の間に分泌《ぶんぴつ》最盛期を迎えるメラトニンと、朝に分泌量を増やすセロトニンである。メラトニンは網膜が闇《やみ》を感じると分泌され、セロトニンは網膜が朝の自然光を感じると分泌される。メラトニンは上質の睡眠を作りだし、セロトニンは夜のメラトニン分泌を助ける。つまり、朝ちゃんと起きないと、その夜ちゃんと寝られないのである。しかも、セロトニンは、一日中、脳を「穏やかな達成感」を感じやすい状態にする。キレない、好奇心に溢れた、思いやりのある子どもの一日を作りだすのだ。

だから、「早寝、早起き」は、子育ての基本中の基本。これに「朝ごはん、読書」を加えた四つは親の責任だろう。しかし、「適度な外遊び、お手伝い、一日一善、適度な自主学習」は、メラトニンとセロトニンがふんだんに分泌されている脳なら、自然にやってしまうことだ。生活習慣をしっかりして、後は見守ってやればいい。

七つのルール。「この七つさえ守れば、成功する」。その簡便で合理的なメッセージは、偏差値教育以降の世代を魅了する。「ビジネス成功の七つの法則」などという思想に心酔した四十〜五十代のビジネスマンも多いはずだ。

でも、気をつけて。子育てのルールにも、ビジネスの法則にも、成功者たちが自然にしてしまう〝逆法則〟が混じっている。もちろん、成功者たちは、それが成功の秘《ひ》訣《けつ》だと思って親切で教えてくれるわけだけど、それが仇《あだ》になる脳もある。まぁ、仇になる脳の場合、ほとんどは続けられないので、それほどの実害はないのだけどね。ただ、どんな人生の法則も盲信しないことだ。科学的な根拠を探るか、「ちょっとやってみて、心がのびやかさを失わなかったらOK」とするくらいの客観性を失わないでほしい。

Vol.5 リーダーの条件

小栗旬《おぐりしゅん》という俳優がいる。

端正な顔立ちと、伸びやかな手足に恵まれた、美しい青年である。実は、最近まで他の若手俳優とあまり区別がつかなかった彼に、今は、とても興味がある。事の発端は、彼のことばだ。

ある朝TVをつけたら、小栗さんが、東京大学の公開講座で特別講師を務めた様子が映っていた。会場から、「今の日本に必要なリーダーの資質とは」と問われた彼が、しばらく悩んだ挙句、「(一般論はわからないが)自分自身は、撮影の現場に入るとき、みんなに笑顔が出るようにと思っています」と、答えたのだ。

会場の反応も、スタジオの反応も和やかなものだった。政治学とは縁のなさそうな若いイケメン俳優に、そもそも、「お〜」と言いたくなるような〝快答〟を期待してもいないし、また、実際にその通りだった、という感じの。しかし、私は、家事の手を止めて、彼の顔に見入ってしまった。彼のことばに、胸を打たれたからだった。

「リーダーの資質」といえば、私には、忘れられない定義がある。白川由紀さんという写真家が教えてくれたことだ。

アフリカ大陸を単身歩いて、一度見たら忘れられない写真（私は、彼女の写真を見て、「カラフル」ということばの本当の意味を知った）を撮ってきた彼女は、リーダーの資質について、こんなふうに語ってくれた。

ツーリストもあまり訪れないような地域では、日本人の女性は珍しいらしく、行く先々の集落で歓迎会を催してくれた。その席で出逢《であ》う集落のリーダーは、年齢も様々、服装も様々。見た目では、リーダーの類型はないように思えた。だけど、リーダーは、紹介される前に必ずわかる。だって、その人が現れたとき、周囲の人たちが、嬉《うれ》しくてたまらない顔をするから。

「人を笑顔にすること。それがリーダーの条件だと思う」、そう彼女はしめくくった。私は、五十をすぎる今日まで、これ以上のリーダー論を知らない。

彼女にその話を聞いた後、私はたくさんのリーダーと逢ったが、その定義は間違っていなかった。賢帝と呼びたくなるような素晴らしいリーダーたちは、登場しただけで、部下も、初見の客も笑顔にしてしまうのである。

その場にいる人を笑顔にするのは、実は意外に簡単なことである。こっちが、嬉しくてたまらない表情をすればいいのだ。嬉しくてたまらない表情は、相手の脳に鏡のように映り込み、笑顔を誘う。赤ちゃんの満面の笑みに、つい誘われて笑顔になってしまったことは、誰でも経験があるはずだ。

問題は、大人は、なかなかこんな邪気のない気持ちになれないということ。要は、自分を待ってくれている人たちの存在を、微塵《みじん》の憂《うれ》いも不安もなく、邪気なく嬉しがれる能力こそがリーダーの資質なのだろう。

そのためには、日ごろから「被害者」にけっしてならない覚悟が必要である。たとえ誰かに裏切られても、裏切らせてしまったことを憂い、他者に迷惑が及ばないように慮《おもんぱか》る。自分を被害者にして可哀想《かわいそう》がったり、他人を恨んだりしない覚悟があってこそ、邪気なく人を嬉しがれる。その「被害者にならない」覚悟こそが、リーダーの資質なのだと私は思う。

笑顔のリーダー学は、私に、もう一つ大事なことを気づかせてくれた。この世の真実は、案外、平易なことばで表せるものだ、ということ。難しいことばを使って婉曲《えんきょく》に話すことは、一見教養と価値がありそうだけれど、真実にたどりつかないのではないだろうか。

それにしても、伝統ある東大安田講堂の舞台に立たされて、飾らずに、説得力のある一言を放った小栗旬おそるべし。私は、語ってなんぼのコンサルタントだけど、恐れず、平易なことばを使おうと、密《ひそ》かに決心した。それを忘れないために、さっそく小栗旬の写真集を買おうと思っている。けっして、他意はなく（微笑）。

Vol.6 自己愛の時代

少し前に「自分探し」ということばが流行《はや》ったのを、覚えていらっしゃるだろうか。二〇〇三年ごろ、このことばは、毎月どこかの女性誌の巻頭を飾っていたものだ。女性たちは、自分探しのためにヨガに通い、ホテルのランチに行ったりフラメンコを踊ったりした。

今は、「自分の棚卸し」だそうだ。「自分の棚卸しをして、ビジネスビジョンを立てよう」というように使うらしい。

最初にそのことばを聞いたとき、私は思わず、「なんとも難儀な時代やねぇ」とため息をついてしまった。そんな命題を突きつけられる若い世代に、深く同情するしかない。

だって、三十そこそこで、「自分を見つめろ」と言われても、何も出てこないでしょう？　そんなの出てくるわけがない。「自分」は、何度も嵐《あらし》をくぐりぬけて、余分なものを捨ててきた（捨てるしかなかった）からこそ、忽然《こつぜん》と姿を現すものだ。

脳科学的にも、「自らを真に客観視して、人生の使命を知る」のは、生殖ホルモン（モテたい、得したいという気持ちを作り出すホルモンである）の呪縛《じゅばく》から解放されて、連想記憶機能がピークを迎える五十代の半ばにならなきゃ難しい。ちなみに、連想記憶とは、ものごとの本質を見抜く力や豊かな発想力のこと。意外にも脳は、知性のピークを五十代半ばに迎えるのである。

一方、単純記憶（暗記力）は二十代にピークを迎える。すなわち、二十代の脳は、「ひたすら、受け入れていく」ことに価値があるのであって、ビジョン構築のためになんか出来ていないのだ。それなのに、三十そこそこで、ビジョンを尋ねられる時代、である。過酷だと思えてならない。何も出てこないのに、ビジョンを立てなきゃならないなんて、砂漠の上にお城を建てろと言われるようなもの。かすかすな気持ちになって、途方に暮れるだけじゃないだろうか。

「夢を語れ」「〝好き〟を仕事に」は、昨今流行りの起業セミナーのキーワードだ。「夢を見ないといけないらしい」「〝好き〟を持たないといけないらしい」と、受講生たちは強迫観念にかられ、からっぽの魂を奮い立たせて、血を吐くように「夢」を語る。あまりにも、哀れである。

ビジネスパーソンたちよ、どうか、落ち着いて聞いてほしい。ビジョンや夢や〝好き〟は、身のうちから満ちて溢《あふ》るるものである。人に強要されて、絞り出すものじゃない。そんなことをしたら、心が死んでしまうよ。

一九八〇年代半ばまでに社会に出てきた企業人たちは、若いうちにビジョンを尋ねられることは稀《まれ》だった。私たちは、「自分らしい仕事がしたい」なんていう自己愛で就職しやしなかった。ただ「早く一人前になりたい」「世界一の〇〇を作りたい」という思いで、社会に出てきたのだ。

自己愛に立脚していないので、「この仕事、自分に合わないかも」なんて逡巡《しゅんじゅん》することもなかった。「この仕事に、今の自分にできること」を真摯《しんし》に探したものだ。「自分」を見ていないから、失敗しても被害者意識には至らない。だから、癒《いや》されたがったり、恨んだりしなかった。失敗しても、自らを恥じるか、憤《いきどお》るだけである。

そうして必死に生きてきた結果、誰の心にも、「これだけは譲れないもの」が残ったのである。これこそが、未来を映すビジョンではないだろうか。私たちの世代は、時代のおかげで、克己心なんかなくても、自然にそう生きてこられたのである。

流行語は、馬鹿《ばか》にはできない。自己愛のことばが並ぶ今、若い人たちはかえって苦しんでいる。「四の五の言わずに」「言語道断」「自分で考えろ」……そんな古臭い八〇年代までのことばが、意外にも、若い世代を救うかもしれない。

Vol.7 じきにやるね

以前勤めていた会社で、なぜか九州出身者ばかりの研究室にいたことがある。そのとき、彼らの使う「じきに」ということばの時間感覚が、私たち関東勢の使うそれと大きく違うことに気付いた。

たとえば、朝一番で「あのデータ、まとめておいてくれる?」と部下に頼むと、「じきにやっておきます」と答える。……その「じきに」は一体いつだと思われますか?

私の感覚では、「今やっている仕事の手が離せないので、一段落したらやります」「ほどなく」という感じなので、午後一くらいには対応してくれると思ってしまう。

しかし、九州勢は、その日のうちに動けばいいほう。翌朝やってもオンタイム、という時間感覚なのである。不満を表明しても、私以外が全員九州人なので多勢に無勢だ。私は思わず聞いてしまった。「じゃ、なにかい? 関門海峡を越えたら、ジキニンは、明日効いてもいいわけ?」

で、よそではどうなのかと気になり、いろいろな出身地の方に「〝じきに〟はいつか?」を聞いてみたのだが、関東勢と関西勢では、優に半日以上の時間のズレがあった。そして、今まで質問した中で、もっとも遅かったのは広島である。

いわく、広島では、「じきに」と答えたら、やっても三日後。というより、「じきに」と言うのは、やる気のなさの表明なので、ビジネスシーンでは普通は使わないし、それを言われたら、やってもらうことを期待しちゃいけない、のだそうである。

これにもびっくりした。九州出身者は、けっこう気軽に「じきに」を使うよ。広島でこれを言うと、「やる気のないヤツ」だと思われてしまうので要注意だ。

さて、「じきに」の先頭音の「じ」は、「じわじわ」「じりじり」「じとじと」「じょじょに」など、スピードが遅いけど、継続して事態が進行する感じ（しかも、確実に場を支配していく感じ）を表す単語に多用されている。

その理由は、「じ」の発音体感にある。「じ」は、舌をやや縮めて厚くして、ここに細かい振動を起こして発音する。舌の深層に向かって、細かい振動が浸透するように入り込むのだ。また、舌の付け根の両側を緊張させるので、その近くにある唾液腺《だえきせん》を刺激するため、舌のわきの隙間《すきま》に唾《つば》がたまっていく。「じ」の音韻がもたらす、じわじわと浸透し、やがて満ちていく感じは、この二つの口腔《こうこう》感覚から脳に届くイメージだ。

そういえば、かつて私が少女のころに愛読した「エースをねらえ！」のイケメン・コーチ宗方仁《むなかたじん》も、今流行りの人気漫画「ＪＩＮ」に登場する、幕末にタイムスリップした脳外科医・南方仁《みなかたじん》も、じわじわと小事を積み上げて、大事をやり遂げるタイプの誠実な男たちだった。

風邪で熱が出て、身体《からだ》が辛《つら》いときも、薬を飲ませてくれた家族に「すぐに良くなるからね」と言われるよりも、「じきに良くなるからね」と言われる方が、なんだか嬉《うれ》しい。後者の方が、人の優しさがしみてくるし、「ずっと見守っているからね」という誠実さが伝わってくるからだろう。

してみると、九州人の言う「じきにやるね」は、「今すぐじゃないけど、忘れずに心において、必ずやり遂げるから」という気持ちの表明なのだろう。時間の問題じゃなく、「忘れずに、確実に進行させるから」という、誠意の約束だったのに違いない。九州男の皆様、ぐずだなんて罵《のの》って、ごめんなさい。

ことばには、こうして、意味とは別の「イメージのメッセージ」が伴っている。ときには、発音の体感を味わってみるのもいいものである。

Vol.8 アルデンテのキス

「世界中でアルデンテがわかるのは、イタリア人と日本人だけ。ヨーロッパの隣人だが、ドイツ人はまったくわかっていない」

そう言ったのは、とあるイタリア人シェフである。ご存知のように、アルデンテとは、パスタの、弾力のある絶妙なゆで加減のこと。

私の友人は、このセリフを、「イタリア男が良く言うお世辞よ」とやり過ごしたけど、ことばの発音体感を研究している私には、深く感じ入るところがあった。

イタリア語と日本語には、実は、良く似た特性がある。それは、音節の最後に必ず母音が付くこと。どちらも開音節語と呼ばれる言語なのだ。そのことと、「食べ物の〝弾力〟好き」には深い関係があることに、このシェフのセリフで気づいたからだった。

英語やドイツ語は、音節の最後が子音で終わるため、「シュ」「ック」など、口をすぼめ気味にして終えることが多い。イタリア語は、音節の最後に母音が付くので、「マンマ・ミーア」「ドルチェ・ヴィータ」のように口を開けてしゃべる。だから、開音節語。日本語もこの仲間で、閉音節語に比べて、話者同士が親密感を感じやすい。

開音節語は、母音の抑揚で表情を付ける。イタリア歌曲は、「オ～ソ～レェ、ミィヨォ～」のように母音をひきずって情感を込めるので、日本人にも気持ちよく歌える。それに引き換え、英語の歌は、子音にしっかりとアクセントを作らないといけないので、開音節語人にはクールすぎて、ちょっとフラストレーションがたまるかも。カラオケでフランク・シナトラの「Ｍｙ　Ｗａｙ」を歌った後、「昴《すばる》」でお口直しをするおじさまも多いはずだ。

さて、口を開けて母音を操る私たち開音節語人は、口腔を縦（上下方向）にコントロールする。アは、高らかに口腔を上げ（唇を奥ゆかしく閉じぎみにする人でも、口腔そのものは高く上がる）、エは低く使う。

ことばの発音時、口腔を上下に微細に使う私たちは、食べ物を咀嚼《そしゃく》する時の、口の上下方向のわずかなストロークにも脳が反応するのである。つまり、口に入れるものの弾力に敏感なのだ。だから、ゆで過ぎたパスタや炊《た》き損ねたご飯なんて、とてもじゃないが食べられない。開音節語人にとって、もちもち、ぷりぷり、ふんわり、とろりの歯ごたえは、「美味《おい》しい要素」の上位項目なのである。

一方、引き合いに出されたドイツ語は、「ケシェ」「ケン」「シュバ」「ツォラ」など、上あごを強く擦って出す子音並びを多用する。強く擦るためには、口腔を無防備に開け っ放しにはできないので、全体に口腔を低く使って、息の流れをコントロールする。「口腔制御」の開音節語に対して、「息制御（ブレス・コントロール）」の閉音節語なのだ。

英語も閉音節語なので、「口腔をどういうかたちにするかよりも、息をどう使うかが大事」だとわかると、かなり発音がよくなるはずである。意識してみてください。

上あごに息を擦りつけることに脳の感度が高いドイツ人は、食べ物の弾力よりも、上あごに擦りつける触感を好むように思う。キャベツの酢漬けも、ポテトも歯ごたえなさすぎ。ドイツ語文化圏で出てくるパスタは、たいていゆで過ぎ。かと思えば、硬くてぱさぱさのパンに辟易《へきえき》させられる。しかし、「上あごに擦りつけたい」のだというなら、この食文化の意味がわかる。これは、「絶妙の〝上あご〟ごたえ」なのに違いない。

言語が違えば、口腔の使い方が違い、気持ちよさのポイントも違う。ということは、キスの仕方も違うのかしら……？

Vol.9 さくら、さくら

もうすぐ、桜が咲く。

そう思うだけで、なんだか、心穏やかではいられない。胸が躍るのは、私だけではないらしい。日本人は、どうしてこうも桜に惹《ひ》かれ、心乱されてしまうのだろうか。

「あの木が一本あるだけで、花の季節には、そこが聖地になってしまうね」

桜のことを、そんな風に表現した人がいた。確かに、街角で、思いもかけずに満開の桜に遭遇したときには、荘厳《そうごん》な空気に圧倒されて、思わず歩を止めてしまう。

「そういえば、聖なる場所をサクラメントというよなぁ」、その人は、続けてそんな風に、のんびりとつぶやいた。私は、その人の横顔に、しばし見惚《みと》れてしまった。


サクラという発音は、清浄な空気を連れてくる。

先頭の「サ」は、口腔を吹きわたる風である。上顎《うわあご》に舌先を接近させて隙間を作り、前歯の裏に息を擦りつけながら、口腔を高く上げる。上顎を滑る息は、口腔全体に広がる。表層を満遍なく滑る息は、粘膜を適度に乾かすので、拭《ぬぐ》いさったような清潔感（さっぱり、さばさば）を思わせる。

続く「ク」は、喉《のど》の破裂音である。喉を接着し、そこに息をぶつけてブレイクするのだが、ウ段音なので、同時に舌を喉側にぐっと引き寄せる。したがって、大きなエネルギーを一点に凝縮した感じ（一点でしっかり止まった感じ）を作り出す。

最後の「ラ」は、唇を花びらの形にして（舌先を尖《とが》らせ、側舌を広げて）ひらりとひるがえしつつ、口腔を高く上げる。まさに、「舞い落ちる花びら」に通じる。舌の裏を空気にさらすので、クールでもある。「サ」で口腔表層を拭ってさっぱりし、「ラ」で舌裏を空気にさらしてクールダウンする。まるで、神社のお手水で口をすすぐときのような清浄感が、そこにはあるのである。だから、私たち日本人は、穢《けが》れのないことを「まっさら」と言う。

穢れなき「サラ」のまん中に、大きなエネルギーを静かに凝縮した「ク」を挟むサクラは、どうにも畏《おそ》れ多い。古代日本人は、あの花に特別の神格を感じて、「サクラ」という音韻を与えたのだろうか。キリスト教の人々が、聖なる恩寵《おんちょう》にこの音韻を与えたように。

また、「サクラ」は、一陣の風が吹き（サ）、一点で止まっていた（ク）花びらがひるがえって散る（ラ）象《かたち》をも思わせる。私たちが、あの花の散り際《ぎわ》を格別に愛してやまないのは、この名の影響もあるに違いない。

いや、あるいは逆、こちらが先だったのかもしれない。「ひさかたの　光のどけき春の日に　しづ心なく　花の散るらむ」（紀友則《きのとものり》）とあるように、桜の散り際は平安の昔から印象的だったようだから。

風に舞い散る花を、その象になぞらえて「サクラ」と呼んだ。偶然聖なる音韻を与えられた花は、それにふさわしい姿に変わっていったのかもしれない。改良種のソメイヨシノはまさに、穢れなき花弁を持ち、爛漫《らんまん》の花姿が荘厳で、散り際は幻想的でさえある。

そうは言っても、その名で呼ばなければ、やはりだめらしい。あの花をＣｈｅｒｒｙ Ｂｌｏｓｓｏｍと呼んで育った日本人の中には、満開のソメイヨシノを指して、「わぉ、ポップコーンだぁ♪」と言う人がいるそうだから。……まぁ、確かに、わからないでもないけどね。

花は、その姿にふさわしい名で呼ばれ、その名のちからで、さらなる美しさを極める。桜の荘厳さに出逢《であ》う度に、人の名や会社名も、あだやおろそかにはできないなぁと思う春である。

Vol.10 冷たいことば

今年の夏も、スタートから猛暑続き。それをすると秋に抜け毛が増えることがわかっていても、氷入りの冷たい飲み物がやめられない。口腔内を冷やすのは、全身を冷やすくらいに冷感効果が高いからだ。

さて、ことばの音にも、物理的に口腔の温度を冷やすものがある。サ行音とツ、ヒ、そしてラ行音である。

サ行音の共通子音Sは、上あごに舌を接近させ、ここに息を滑らせ、前歯の付け根あたりに擦りつけて出す息の摩擦音だ。歯擦の前に、上あごと舌の表層を息が滑る。実はこのとき、口腔が空冷機と同じ構造となるのだ。上あごにも舌にも細かい凹凸があるため、「流体の移動距離に対して、触れる表面積が大きいと、流体の温度が下がる」という物理現象を生み出し、息の温度も、上あごや舌の温度も下がるのである。

だから、S音を発音すると、知らず知らずに、爽《さわ》やかな気分になる。爽やか、涼やか、清涼感、爽快《そうかい》、清流、清潔、颯爽《さっそう》、新鮮……まるで、冷たく澄んだ水を口にしたかのような、清涼感に満たされるS音のことばたちだ。

しかしながら、これらのことば、意味的にも爽やかなので、「口の中の感覚？　やっぱり意味じゃないの？」と懐疑的になる方もいるだろう。いやいや、発音時の口腔内物理効果は意外に大きいのである。

たとえば、新撰組《しんせんぐみ》。このことばの爽やかさは、どうだろう。よくよく考えてみれば、幕末の殺戮《さつりく》集団である。大義名分はあっただろうが、していたことは、暗殺に次ぐ暗殺、上層部は祇園《ぎおん》で豪遊して権力争いに明けくれ、隊士の掟《おきて》破りには命で代償を払わせるなんて、かなりな暗黒組織である。

この暗黒組織に、爽やかにして鮮烈な「世直しの風」イメージを与え、後世にまで語り継がせたのは、このブランドネーミング「シンセングミ」のダブルSの語感力だったと思えてならない。

もちろん、隊士たちの魅力的なキャラクターも、後世に語り継がれた一因だとは思うけれど、そこに注目させた力が、そもそも組織名にあったように思える。

というのも、当時、京都には、新撰組と同じ経緯で誕生した、幕府管轄《かんかつ》下の警備隊がもう一つ存在していた。その名を「見廻組《みまわり》」と言う。今の世に、この存在を知る人が、どれくらいいることだろう。見廻組にだって、イケメン剣士や、世知に長《た》けた指揮官の一人や二人はいただろうに。

でも、温かく誠実な印象の語感ミマワリグミでは、乙女たちは胸を焦《こ》がさない。宝塚の舞台にものせにくい。

シンセングミ、オキタソウジ、ヒジカタトシゾウ、コンドウイサミ、ナガクラシンパチ、ヤマナミケイスケ……新撰組のSの魔法は、歴史の一ページに「一陣の爽風」を創《つく》り出した。この夏、あなたも、爽やかな印象を残したいのなら、Sのことばを駆使してみよう。

また、上あごを滑る音韻は、S音の他にツとヒがあり、どちらも「冷」の読みに当てられている。「つめたい」と「ひえる」である。ヒは、肺の中の熱い息を喉の一点にぶつけるので、喉ではかなり熱いのだが、その息が上あごを強く滑るために一気に冷却される。まさに「ひえる」という現象そのもの。日本人は、口腔内で起こることを、正確にことばの意味に添わせてきたのである。

また、舌の裏を空気にさらすラ行音は、これらの空冷音とはまた別に、「冷たいものがひやりと足裏に触ったような」静かな冷感を醸《かも》し出す。冷淡、幽霊、冷蔵庫、瑠《る》璃《り》、理性……そう並べると、冷たさの質がおわかりになるはずだ。

ことばの発音体感とは不思議なもので、日頃ほとんど気にしないのに、ちゃんと世間を動かしている。猛暑の夏だからこそ、冷たい音韻で、それを味わってみてください。

Vol.11 リーダーと呼ばれること

この夏、私は、三十年ぶりにダンスに夢中になっている。

私が大学生だった一九七〇年代の終わり頃には、学生主催のダンスパーティが頻繁に開かれていた。床が傷《いた》むので、ダンスパーティに開放されるのは、埃《ほこり》臭い古い講堂である。新しいコンクリート校舎の谷間の、廃屋と見まがう木造建築に、ひととき、異世界が出来上がったものだ。

日が沈み、夜風が吹き始めると、軽音楽部のバンドが、まずはスイングジャズのスタンダードナンバーを奏《かな》で始める。講堂に向かう並木道に、とぎれとぎれに流れてくる切ないジャズの調べが、私は大好きだった。

あの晩、ういういしく手を差し出してくれた男の子たちも、今では五十代半ば……きっと、会社の重役になったりして、社会を支えているんだろうなぁ。

私が夢中になっているのは、カップルで踊る英国式のボールルームダンス、いわゆる社交ダンスである。ワルツとかタンゴなど、種目で言った方がわかりやすいかもしれない。

ボールルームダンスは、完全なる男性上位のダンスだ。男性はリード役なので「リーダー」と呼ばれ、女子はフォロー役で「パートナー」と呼ばれる。ほとんどのフィガー（踊りの一単位）が男子前進、女子後退で始まるので、女子は会場の状態さえ分からない。したがって、ただただ、リーダーを信頼してついて行くしかないのである。英国紳士は、「ダンスは乗馬に似ている。良いパートナーは、良い馬と一緒だ。心と手をかければ、従順でしなやかで美しい」とか失礼なことを言うが、私はむかつかない。だって、リーダーの仕事は、とても大変なのだもの。ダンスの世界でも、男はつらいよ、なのである。

非定型の社交ダンスでは、リーダーは、刻々変わる周囲の状況をキャッチしながら、それに合うフィガーをその場で考え付かなくてはならない。「スピンターンをしようと思ったけど、あっちは混んでいるから、チェックバックしてあっちでポーズをとるか……」なんて判断を、半分無意識のうちに、数秒に一回はやっている。しかも、ここで重要なのは、周囲も動いている、ということ。今のフロア状況ではなく、何拍後かのそれを脳裏に描かないと役には立たないのである。

これは、脳科学的には、直感力とイメージ力、合理的な判断力を統合して使わなければならない非常に高度な知的作業にあたる。だから、脳活性の良し悪しは、ダンスの出来に直接かかわっている。勘の働いている男子と踊ると、会場が混んでいることに気づかないもの。

さて、フィガーを決めたら、次は、それを女子に伝えるリードという責務が待っている。リードの全責任はリーダーにあるので、女子がフォローに失敗した場合も、当然、責任はリーダーが取る。すなわち、リーダーは速やかに、女子の失敗をカバーする。熟練のリーダーは、このとき、女子に失敗したことも悟らせないくらい、素早く優雅にフィガーを変えてしまう。

つまりね、上質のリーダーとは、パーティの後に「今日は会場が空《す》いてたし、私も調子が良かったから、あなたも気持ち良かったでしょ?」と言われるリーダーであって、「あなたのリードが巧みだったから、うまく踊れたわ」と感謝されているうちは二流なのである。

これって、なんだか、「一流の夫」や「一流のメカ」あるいは「一流の都市」の定義にも似ていると思いませんか?　妻に恩を着せられている夫ほど、本当は出来た夫なのかもしれない。

また、こう説明すれば、なぜ、このダンスがヨーロッパの上流階級に嗜《たしな》まれたかがお分かりになると思う。紳士たちは、戦略と直感と忍耐の限りを尽くして、あのフロアで修行をしているのだ。武士が茶道を嗜んだように、騎士はダンスを嗜む。おそらく、ダンスに長《た》けた指揮官は、エレガントにして隙《すき》のない戦略を施すに違いない。責任の取り方も、エレガント&スマートで。女子を差別したり、部下をなじったりせず（微笑）。

一流のリーダーとは、実に自然で、気持ちいい存在であるに違いない。あるべきところに物事を納め、流れに逆らわず、かといって流されない。その極意は、流れを先に読み、次の流れを自ら創《つく》り出すことにある。

実のところ、世の中の、本当に脳の働きがいい人は、「頭がいい」だなんて褒められてはいない。たいていは、「運がいい」と言われているのである。「流れを先に読み、次の流れを創っている」ことに、一般の人は気づかないからね。ダンスの名手のように自然なので。

というわけで、リーダーたるもの、政治家もビジネスマンも、一度社交ダンスを習ってみた方がいい。リードに全責任を負う覚悟と、褒められたら「自分も、まだまだだな」と恥じ入るくらいの気概を持って欲しい。

「あのリーダーと一緒だと、不思議にうまくいく」と言われてこそ、超一流。そこには、「リーダー」ということばの、一つの真実が潜んでいる。

Ｖｏｌ．12　パートナーと呼ばれて

ダンス談義の続きである。

リーダーのことを書いたら、パートナーのことも書かなきゃね。

若い頃は気づかなかったのだけれど、カップルダンスというのは、男女で一体の生き物になることだ。

それは、背骨が二つ、骨盤が二つ、手足が二本ずつ、頭が二つある「カップル」という名の架空の生き物なのである。しかも、主たる背骨と骨盤は、男子のそれなのだ。したがって、パートナーには、リーダーの一部になる覚悟がいる。だからこそ、、、、Ｐａｒｔｎｅｒと呼ぶのだろう。

私のイメージでは、花瓶に活《い》けられた花のように、弓に張られた弦のように、リーダーの器（花瓶、弓）の中で、しなやかな表現力を見せるもの。それがパートナーだ。

とはいえ、「リーダーの背骨を自分のそれのように感じる」のは、なかなか難しい。

「リーダーの器」に文句を言わずに満足しきるのは、もっと難しい。

十九年前、息子を産んだとき、私は不思議な経験をした。

自分の乳飲み子が蚊に刺されたとき、手首の赤い斑点《はんてん》を見ながら、自分の身体《からだ》のどこかがかゆいような気がして、背骨がむずむずしたのだ。それは、どことは特定されないものの、明らかに「自分の身体の一部」に起こったリアルなかゆさだった。

そのかゆみを、どうしたら止められるのかわからない。困った挙げ句、私は、息子の手首を、優しく掻《か》いてみたのである。息子がほっとした表情を見せる前に、私自身が、たまらないかゆさから解放された。

こんなこと、脳生理学的には、妄想だと言われるに違いない。

しかし、授乳中の母子の間では、生理的な信号がなんらかのかたちで遠隔的に交わされるように思えてならなかった。それほど、リアルな体験だったのだ。

さて、こうして、いったん、他者の身体を、自分の身体のように感じるチャネルが開いたら、これが、なんとなくよそでも使えるようになる。それが、母となったものの才覚の一つらしい。

人の子の親になると、地球の裏側の子どもたちが死んでいくニュースを、その子を抱いて力を失う母親の姿を、とても他人事《ひとごと》とは思えない。動かなくなった子どもを腕に抱く感触が、ときにリアルにやってきて、胸が詰まる。母となった人の共感力は、ホント、他の人の想像を超えるのだ。

母となって十九年、久しぶりに、息子のような年齢の若いダンサーと踊ってみて、気づいたことがある。彼の背骨や骨盤の回転が、まるで自分の身体の一部のように感じるのである。リードが「伝わる」のではなく、先に「知覚する」「知っている」感じだ。

当然、身体の中から動きを創り出す、彼のダンスの才能の高さと、信頼に足る性格はその主たる要因だけれど、私の側にも成長があったような気がする。年をとると、身体は動かなくなるけれど、意識のコントロールは豊かになる。この一体感は、昔は到底わからなかった。

若い日、競技会で他のカップルと戦う以前に、リーダーと闘っていたことに、今さらながら気づいて、しんとした気持ちになってしまった。若い身体で、これが出来ていたら、もっと楽に勝てたに違いないもの。天は、なかなか二物を与えてはくれないらしい。

リーダーが、全責任を負う覚悟で「主たる背骨」をまっとうする一方で、パートナーは、彼の一部になる覚悟で、彼の背骨を、自分の背骨だと知覚する。ダンスの至上のパートナーシップというのは、どうもそういうことらしい。なんて、美しい関係なのかしら。

しかし、これって……恋人や夫婦じゃ、不可能じゃないだろうか？

だって、生殖を共にする相手には、「自分を第一にして欲しい」のが、女性脳だもの。雌が胎内で子を育《はぐく》み、出産後もしばらくは子の栄養を分泌する哺乳類《ほにゅうるい》においては、雌の生存環境を豊かにすることこそが、最も合理的な生殖の第一条件だからだ。この本能から、夫を「主たる背骨」とする感覚は、なかなかわからないと思う。男が、いのちがけで生きていない現代日本では、特にね。

とはいえ、妻が「主たる背骨」を主張しすぎると、夫は社会においても背骨が立たなくなる。少しは譲ってあげないと。しかし、譲り過ぎると、妻が生気を失う……う～ん。やはり、夫婦というのは、本能と社会性のせめぎ合いのところにいる関係なのだなぁと、つくづく思う。

夫婦論の締めくくりになればと思って、ダンスのカップル論に挑戦してみたのだけれど、なんだか、落としどころを失ってしまったみたい。この美しくも至上のパートナーシップは、どうも夫婦向けじゃないようだから。

ただし、ビジネスのパートナーシップには、ひとこと言っておくね。こうして、「パートナー」ということばを味わうと、ビジネスのパートナーシップには、やはり同等ということはないような気がする。

少し前、Ｗｉｎ－Ｗｉｎなどといって、同等で、互いにいい思いをしあうビジネスパートナーシップが謳《うた》われたけれど、なんだか腑《ふ》に落ちない、嫌な感じがすることばだった。メインの筋は一本。それが、世の真理なのではないだろうか。

自らの背筋を立てる覚悟と、相手の背筋を立てる覚悟。その組合せの二者だけが、「パートナーシップ」を名乗れるのだと思う。

最近は、妻を「パートナー」と呼ぶ人も増えたようだけど、このことば、どうか覚悟して使ってくださいね。

個人的な好みを言えば、妻を「部分（パートナー）」と呼ぶよりも、「上（かみさん）」と呼ぶほうが、なんとなく教養ある日本男児らしくて、私自身は好きである。

解説

柴門ふみ

「きみは、身の回りに自分の好きなものを集めて、それに取り囲まれていれば、それで幸せなんだね」

ある日、私は夫からそう言われた。

言われて私はびっくりした。え、そうじゃない人間がこの世にいるの?

夫は半ば呆《あき》れた諦《あきら》め顔で、ため息まじりでこの言葉を吐いた。ということは、夫はこの考えに同意していないということだ。

一方、子供二人が小さくて育児が大変な時期、私は夫に少しは手伝ってくれないかと、頼んだことがある。すると、

「俺みたいな優秀な、素晴らしい人間がなんで家で子供の面倒なんかみなきゃいけないんだ。家で育児に手を貸すのは、仕事のできない、社会で役に立たない無能な男だけだ」

そう言って、パパ、パパと寄りすがる幼子を足蹴《あしげ》に、夜の街に消えていったのである。（漫画家なので表現は少しオーバーだが、セリフは事実です）

黒川伊保子さんの『夫婦脳』を読んでみて、私は腑《ふ》に落ちた。

私の考えは日本中の〈あくせく働くより、のんびり暮らしたいなあと考えている〉女が抱くもので、夫の考えは日本中の〈自分が優秀だと思っている〉男の抱く本音であると。

黒川さんは、脳と言葉が専門の科学者である。女性と男性は右脳と左脳を結ぶパイプの太さが違うので、そこから様々な男女差が産まれる、というのが彼女の根底にある考え方だ。

黒川さんによると、女の脳は一度にたくさんの情報をなめるように収集し、言葉を重視し、時間軸が曖昧《あいまい》で、共感を心のよりどころにしている。

それに対し、男脳は、空間把握能力に長《た》けており、地図が読め、序列を大切にし、話の結論から述べて、競争が大好き、なのだとか。

なるほど、である。

私が、男性編集者二人を連れて奈良のお寺詣《まい》りに行ったときのことである。私は、一切地図が読めない。しかし、男性編集者は、昨日読んだ奈良の地図を頭に叩《たた》き込み、何も見ずにスタスタと目的の寺にたどりつくのだ。私ときたら、周囲をキョロキョロしては「あ。階段に人が寝ている」「駅前で若者が歌ってるわ」と、地図以外のことに目と心が奪われ、道順がさっぱりわからなくなる。

夫婦でなくとも、男女が共に旅をすると、その差が歴然と出てくる。

地図だけではない。寺詣りが終わって、お昼をどうしようとなったので、

「奈良ホテルのカレーがすっごく美味《おい》しいの」

私は提案した。その場所からホテルまではかなり離れていたのだが、腹ペコを抱えながらの徒歩で二十分、やっと私たちはたどりついた。ホテルのレストランの席に着いた男性たちは、「カレー」「ぼくも、カレー」と注文する。

「私は、シーフードパスタ」

私がそう言ったとたんに、男性たちが驚きの声をあげた。

「サイモンさんがカレーを食べたいっていうから、僕たち二十分も歩いたんでしょう」。

しかし、私は彼らが何で驚くのかわからなかった。だって、急にシーフードパスタ

が食べたくなったんだもん。

サイモンさんは、思考回路が無政府状態だと、彼らは言った。私だけじゃなく、女性の多くは思考アナーキーよ。順序立てて辻褄《つじつま》を合わすより、その時々の気分次第が得意なのだもん。私は彼らを説き伏せた。

そんなふうな男性が理解に苦しむ女性特有の思考回路が存在する理由が、今回黒川理論に出会って、科学的に解明された気がした。

解説であるのに自分の事ばかり述べてしまい恐縮だが、つまり黒川さんの著書を読むと、

「そう、そう。私もそうなのよ。私も人生で同じような体験をしているの」

と、思わず喋《しゃべ》りたくなってしまうのだ。

本書の冒頭に提示されているエピソードは、キッチンカウンターに手をぶつけて「痛い!」と叫んでしまった妻と、それに対応する夫の話だ。

妻は夫から慰めと労《いたわ》りの言葉が欲しいだけなのに、夫はぶつけた原因を探し、問題

解決の方法を提示する。そんな夫を妻は冷たいとなじり、夫はキミが良く生きられるように解決案をだしてやっているのに、これ以上俺にいったいどうしろというんだと逆ギレする。

これこそまさに、日本中の夫婦間でもっとも多く繰り広げられている種類のいさかいであろう。

黒川説によると、

女性脳は、男性脳に比べ、右脳〈感じる領域〉と左脳〈考える領域、言語機能局在側〉の連携が遥《はる》かにいい。そのため、感じたことが即ことばになる脳なのである。

考え抜いた言葉だけを発する男性とは、そこが決定的に違うのだ。

〈言葉の重み×量〉は、おそらく男女同量で、男性の〈重み〉は多く、その分〈量〉が少なく、女性はその反対なのだ。女はよくまああんなにつまらないことを延々と喋れるものだと、男が感心する〈あきれる〉要因は、ここにある。

身近にある男女の「あるある」ネタが、この本の前半「夫婦の法則」には、満載なのだ。

「ウチの夫もそうなのよ」

「だから、妻が突然怒り出すのか」

読者ははたと、膝《ひざ》を打つはずだ。

黒川さんは、男性にも女性にも優しい。そして両性がうまくいくよう、温かなアドバイスを贈る。

夫はつまらない妻の話にも相槌《あいづち》を打ってあげよう。妻は夫が仕事の成果でしか自己確認できない臆病《おくびょう》な生き物であることを認識してあげよう、と。

〈だから、察してちょうだいよ〉というサインを女が出したがるのも、右脳と左脳をつなぐ脳梁《のうりょう》と呼ばれる神経線の束が、女性の方が男性より約二十％も太いことに関係しているのだそうだ。

このため、女性脳は、右脳（五感と直結してイメージを紡《つむ》ぐ、感じる領域）と、左脳（顕在意識と直結してことばや数字を司《つかさど》る、考える領域）の連携が良く、感じたことが即、顕在意識に上がってくるのである。

悲しげに、目を伏せる。その一瞬の表情に女は多くのサインを込めている。ところが、多くの男はこれに気付かないんだなぁ。

私も、漫画でこういう女の仕草をよく描く。ただし、ストーリーの演出上読者に印象づけるために、コマを大きくとったり、溜《た》めの一コマを添えたりして強調する。しかし、日常生活では、よっぽどの男でないと気付いてくれない。黒川さんの言うとおり、〈しかし、祈りのようなその行為は、たいていは無視されて、がっかりすることになる〉。

「言ってくれなきゃわからないから」

結婚生活三十年で、私は夫から何度もこう言われた。それでよく漫画家なんかやってられるな、と呆れるが、ウチの夫もまた典型的男脳であるのだ。

女性の皆様、夫が鈍感だということで、どうか、勝手に傷つかないで。世界中の夫が、ほぼ全員、鈍感力の持ち主なのだから。

黒川さんは、どこまでも両性に優しい。

この本の後半、「プロポーズ・アゲイン」では、ことばの響きが人間に与える心理的影響について書かれていて、こちらもまた非常に興味深い。「サ行には清潔感がある」「ラ行はクールである」という説には、頷《うなず》いてしまう。

またまた私の話で申し訳ないが、私は漫画の登場人物の名前を決める時、活発なイメージの女の子には「カ行」～リカ、カンナ、チカコ～などカ行のカタカナ文字の名前をつけ、おとなしめのキャラには、ひらがなの「な行」～なるみ、はな、ちなみ～をつける。

プロフィールを見ると、黒川さんと私は年齢も近く、国立女子大出身という共通点も。働きながら子供を育てた経験も同じである。だから、書かれていることがスンナリ納得できるのであろう。

ところで、黒川さんの以前の著書『恋愛脳』ではパートナーのことを〈私の大好きなひと〉と表示されていたが、本書では〈オットト〉と、なっている。この変化はいったいなぜだろうと、私は気になる。
一度お目にかかって、じっくりお話をうかがってみたいものだ。

(平成二十二年十月、漫画家)

この作品は左記連載を文庫化にあたり改題加筆・修正し収録した。
●『夫婦の法則』（連載タイトル『男と女の脳科学』）
「電気協会報」二〇〇八年四月号から二〇一〇年八月号掲載分までを収録。
●『プロポーズ・アゲイン』（連載タイトル『感じることば』）
ひろぎん経済研究所機関誌「カレントひろしま」
二〇〇九年四月号から二〇一〇年八月号掲載分のうちから抜粋して収録。

黒川伊保子著

恋愛脳
—男心と女心は、なぜこうもすれ違うのか—

男脳と女脳は感じ方が違う。それを理解すれば、恋の達人になれる。最先端の脳科学とAIの知識を駆使して探る男女の機微。

黒川伊保子著

運がいいと言われる人の脳科学

幸運を手にした人は、自らの役割を「責務」ではなく「好きだから」と答える——脳と感性の研究者が説く、運がいい人生の極意。

黒川伊保子著

家族脳
—親心と子心は、なぜこうも厄介なのか—

性別&年齢の異なる親子も夫婦も、互いの違いを尊重すれば「家族」はもっと楽しくなる。脳の研究者が綴る愛情溢れる痛快エッセイ！

清 邦彦編著

女子中学生の小さな大発見

疑問と感動こそが「理科」のはじまり——。現役女子中学生が、身の周りで見つけた「不思議」をぎっしり詰め込んだ、仰天レポート集。

養老孟司著

かけがえのないもの

何事にも評価を求めるのはつまらない。何が起きるか分からないからこそ、人生は面白い。養老先生が一番言いたかったことを一冊に。

養老孟司著

養老訓

長生きすればいいってものではない。でも、年の取り甲斐は絶対にある。不機嫌な大人にならないための、笑って過ごす生き方の知恵。

「週刊新潮」編集部編

黒い報告書

いつの世も男女を惑わすのは色と欲。城山三郎、水上勉、重松清、岩井志麻子ら著名作家が描いてきた「週刊新潮」の名物連載傑作選。

「週刊新潮」編集部編

黒い報告書インフェルノ

色と金に溺れる男と女を待つのは、ただ地獄のみ——。「週刊新潮」人気連載からセレクトした愛欲と官能の事件簿、全17編。

山口瞳著

礼儀作法入門

礼儀作法の第一は、「まず、健康であること」。作家・山口瞳が、世の社会人初心者に遺した「気持ちよく人とつきあうため」の副読本。

柳田邦男著

言葉の力、生きる力

たまたま出会ったひとつの言葉が、魂を揺さぶり、絶望を希望に変えることがある——日本語が持つ豊饒さを呼び覚ますエッセイ集。

池谷裕二著

受験脳の作り方
—脳科学で考える効率的学習法—

脳は、記憶を忘れるようにできている。そのしくみを正しく理解して、受験に克とう！——気鋭の脳研究者が考える、最強学習法。

池谷裕二
糸井重里著

海馬
—脳は疲れない—

脳と記憶に関する、目からウロコの集中対談。「物忘れは老化のせいではない」「30歳から頭はよくなる」など、人間賛歌に満ちた一冊。

NHK アナウンス室編

走らないのになぜ「ご馳走」？
—NHK 気になることば—

身近な「日本語」の不思議を通して、もっと「ことば」が好きになる。大人気「サバの正体」に続くNHK人気番組の本、第二弾！

江戸家魚八著

魚へん漢字講座

鮪・鰈・鮎・鯒——魚へんの漢字、どのくらい読めますか？ 名前の由来は？ 調理法は？ お任せください。これ1冊でさかな通。

中村うさぎ著

私という病

男に欲情されたい、男に絶望していても——いかなる制裁も省みず、矛盾した女の自尊心に肉体ごと挑む、作家のデリヘル嬢体験記！

中村うさぎ著

愛という病

生き辛さを徹底的に解体した先には、「なぜ私は愛に固執するのか」という人類最大の命題があった。もはや求道的な痛快エッセイ！

永井一郎著

朗読のススメ

声優界の大ベテランが、全く新しい朗読の方法を教えます。プロを目指す方のみならず、朗読愛好家や小さい子供のいる方にもお薦め。

鳴海風著

和算の侍
歴史文学賞・日本数学会出版賞受賞

円周率解明に人生を賭けた建部賢弘《かたひろ》、大酒飲みの奇才久留島義太《よしひろ》など江戸の天才数学者の人間ドラマを描く、和算時代小説の傑作！

新潮文庫最新刊

篠原美季著
ヴァチカン図書館の裏蔵書
―贖罪の十字架―
悪魔vs.エクソシスト――壮絶な悪魔祓いを務める神父の死は、呪いか復讐か。本に潜む謎が「聖域」を揺るがすビブリオミステリー。

額賀澪著
獣に道は選べない
生きる道なんて誰も選べない。二匹の新米任侠が、互いの大切な人を守るため、夜の歌舞伎町を奔走する。胸の奥が熱くなる青春物語。

北方謙三著
絶影の剣
―日向景一郎シリーズ3―
隠し金山を守るため、奥州では秘かに一つの村の壊滅が図られていた。景一郎、侍の群れを迎え撃つ。さらに白熱する剣豪小説。

山本周五郎著
寝ぼけ署長
署でも官舎でもぐうぐう寝てばかりの〝寝ぼけ署長〟こと五道三省が人情味あふれる方法で難事件を解決する。周五郎唯一の警察小説。

岡潔著
森田真生編
数学する人生
自然と法界、知と情緒……。日本が誇る世界的数学者の詩的かつ哲学的な世界観を味わい尽す。若き俊英が構成した最終講義を収録。

二宮敦人著
最後の秘境　東京藝大
―天才たちのカオスな日常―
東京藝術大学――入試倍率は東大の約三倍、けれど卒業後は行方不明者多数？　謎に包まれた東京藝大の日常に迫る抱腹絶倒の探訪記。

新潮文庫最新刊

大西康之著
ロケット・ササキ
—ジョブズが憧れた伝説のエンジニア・佐々木正—

ソフトバンク孫会長曰く「こんなスケールの大きい日本人が本当にいた」。電子立国日本の礎を築いたスーパーサラリーマンの物語。

忌野清志郎著
ロックで独立する方法

夢と現実には桁違いのギャップがある。そこでキミは〈独立〉を勝ちとれるか。不世出のバンドマン・忌野清志郎の熱いメッセージ。

忌野清志郎著
忌野旅日記 新装版

10年ぶりの〈よォーこそ！〉。ロック業界に生息する愉快なヤツらをイマーノ言葉とイラストで紹介する交遊録エッセイが大復刊！

村上春樹著
騎士団長殺し
第1部 顕れるイデア編（上・下）

一枚の絵が秘密の扉を開ける——妻と別離し、小田原の山荘に暮らす孤独な画家の前に顕《あらわ》れた騎士団長とは。村上文学の新たなる結晶！

西村京太郎著
琴電殺人事件

こんぴら歌舞伎に出演する人気役者に執拗に脅迫状が送られ、ついに電車内で殺人が。十津川警部の活躍を描く「電鉄」シリーズ第二弾。

京極夏彦著
ヒトでなし
—金剛界の章—

仏も神も人間ではない。ヒトでなしこそが悩める衆生を救う？　罪、欲望、執着、救済の螺旋を描く、超・宗教エンタテインメント！

夫《ふう》婦《ふ》脳《のう》

—夫心と妻心は、なぜこうも相容れないのか—

新潮文庫　く－29－2

平成二十二年十二月一日　発行
平成三十一年三月三十日　十五刷

著者　黒《くろ》川《かわ》伊《い》保《ほ》子《こ》

発行者　佐藤隆信

発行所　株式会社　新潮社

郵便番号　一六二—八七一一
東京都新宿区矢来町七一
電話　編集部(〇三)三二六六—五四四〇
読者係(〇三)三二六六—五一一一
http://www.shinchosha.co.jp

価格はカバーに表示してあります。

乱丁・落丁本は、ご面倒ですが小社読者係宛ご送付ください。送料小社負担にてお取替えいたします。

印刷・株式会社三秀舎　製本・株式会社植木製本所

ISBN978-4-10-127952-7 C0195